贯彻落实教育规划纲要，推进教育体制改革

中国民办教育发展报告2017

周海涛　钟秉林　等　著

科学出版社
北　京

内 容 简 介

  2017 年是民办教育改革发展的重要一年,新《民办教育促进法》及其配套政策陆续出台,改革的系统性、整体性、协同性不断增强,民办学校全面发力、多点布局、纵深推进,改革发展广度和深度也不断拓展,正在进入"保障学校师生权益"的发展新时期。中国民办教育发展报告连续 7 年系统反映全国民办教育事业改革与发展,2017 年度报告聚焦我国民办学校发展概况和民办学校系统内部尤其是教师和学生发展情况,深度关注民办学校师生发展面临的热点、难点问题。报告内容包括中国民办教育年度发展总报告、民办学校教师发展报告、民办学校学生发展报告三个部分。

  本书努力为深化民办教育研究、服务各级政府教育决策、推动我国民办教育健康发展提供学术支撑和政策决策参考。

图书在版编目(CIP)数据

中国民办教育发展报告 2017/周海涛等著. —北京:科学出版社,2018.12
ISBN 978-7-03-059045-9

Ⅰ.①中… Ⅱ.①周… Ⅲ.①社会办学-研究报告-中国-2017 Ⅳ.①G522.74

中国版本图书馆CIP数据核字(2018)第228954号

责任编辑:乔宇尚 / 责任校对:何艳萍
责任印制:徐晓晨 / 封面设计:铭轩堂

编辑部电话:010-64033934
E-mail: edu_psy@mail.sciencep.com

科 学 出 版 社 出版
北京东黄城根北街16号
邮政编码:100717
http://www.sciencep.com
北京中石油彩色印刷有限责任公司印刷
科学出版社发行 各地新华书店经销

*

2018年12月第 一 版 开本:787×1092 1/16
2018年12月第一次印刷 印张:14 1/2
字数:329 000

定价:99.00元
(如有印装质量问题,我社负责调换)

课 题 组

组　长　周海涛　钟秉林

成　员　张墨涵　朱玉成　郑淑超　郭二榕

李　彤　梁晶晶　景安磊　刘永林

闫丽雯　李　虔　方　芳　史少杰

胡万山　徐　珊　马艳丽　施文妹

前　言

　　2017 年是中国民办教育改革的重要一年。年初发布的《国务院关于鼓励社会力量兴办教育促进民办教育健康发展的若干意见》(下称《若干意见》)指出，积极引导社会力量举办非营利性民办学校，对营利性民办学校和非营利性民办学校实行分类管理，实施差别化扶持政策。并提出，"保障学校师生权益"，包括：完善学校、个人、政府合理分担的民办学校教职工社会保障机制；民办学校教师在资格认定、职务评聘、培养培训、评优表彰等方面与公办学校教师享有同等权利，非营利性民办学校教师享受当地公办学校同等的人才引进政策；民办学校学生在评奖评优、升学就业、社会优待、医疗保险等方面与同级同类公办学校学生享有同等权利；依法落实民办学校师生对学校办学管理的知情权、参与权，保障师生参与民主管理和民主监督的权利；完善民办学校师生争议处理机制，维护师生的合法权益等政策。

　　《中国民办教育发展报告 2017》着重介绍我国民办学校发展概况和民办学校系统内部尤其是学生和教师发展情况。课题组收集了涵盖全国 31 个省(自治区、直辖市)的民办教育基本数据；同时，致力于分阶段建设民办教育数据库，为政策决策提供数据支持。课题组自 2014 年开始先从民办高校师生数据库建设入手，共采集上海、重庆、广东、浙江、陕西、甘肃、湖北和宁夏等十余省(自治区、直辖市)的数百所民办高校的师生数据，分批采集和完善民办教育数据。2017 年，课题组进一步拓展数据库，增加了 129 所民办中小学师生发展数据。

　　本报告分为三个部分：

　　第一部分是"中国民办教育年度发展总报告"。总报告全面统计和量化分析已采集的 2017 年民办学校师生发展数据，从宏观上评判我国民办学校师生发展的基本状况。内容包括研究技术报告、民办基础教育发展概况、民办高等教育发展概况三部分。研究采用问卷调查和访谈相结合的方式；通过预测和信、效度检验，设计开发了较为可靠的测量工具；分析侧重于各群体发展的差异性比较，主要采用得分平均数比较法，以柱状图的形式呈现研究结果，同时重视各差异量之间的显著性检验和问卷信、效度检验；坚持客观反映民办高校发展现状、尊重数据结果的原则，重在呈现结果而非主观判断。

第二部分是"民办学校教师发展报告"。教师发展报告主要从教师自我效能感、教学策略、教师工作能力和合作意识四方面，对民办基础教育教师和民办高校教师发展状况进行分析。民办学校由于建校时间短、教学资源紧缺，为了加速发展，往往将精力和资源集中在基础设施建设和招生就业上，而对管理理念、队伍结构、教师待遇、培训进修机会等关注不够，如不转移发展重心，走内涵式发展道路，将会制约民办高校质量和水平的整体提高。因此，政府、社会和民办学校要协同发力，完善各种教师保障制度，尽快健全教师专业发展体系，不断拓展教师职后教育新路径，促进教师的专业成长。

第三部分是"民办学校学生发展报告"。学生发展报告主要从获得感、情绪智力两个方面对民办学校学生发展状况进行分析。这两方面是民办中小学学生问卷和民办高校学生问卷相同的两个量表，具有可比性。当前，民办高校学生还存在一些问题，不论是学习基础、能力技能、创新素养，还是学习的积极性、主动性和获得感都相对不足。有效解决问题的根本着力点是推进体制机制改革和人才培养模式改革，要坚持以学生为本，关注学生的"主体性"，拓展更大的自主学习空间，更新教学组织形式和方法，努力改变学生被动学习、被动接受知识的局面，给予学生更多自主学习和创新发展的机会。

各部分内容要点如下。

一、中国民办教育年度发展总报告

1. 民办基础教育发展概况

民办中小学教师发展基本状况分为 4 个测量指标，分别是教师自我效能感、教学策略、工作能力和合作意识。样本中教师自我效能感得分均值为 4.062，在各指标中均值最高；合作意识的得分均值为 4.046；教学策略的得分均值为 3.971；工作能力最低，得分均值为 3.836。总体上，全国民办中小学教师发展状况良好。自我效能感、合作意识得分均值较高，情况较好，同时，在课堂组织能力、科研能力、参与协作能力等方面还有提升空间。

民办中小学学生发展基本状况分为 3 个测量指标，分别是获得感、情绪智力和能力发展样本中学生获得感得分均值为 3.992，在各指标中均值最高；情绪智力的得分均值为 3.919；能力发展得分均值最低，为 3.731。总体上，全国民办中小学学生发展状况较好。获得感和情绪智力发展水平得分均值较高，情况较好；同时，在参与机会、情绪管理、学业能力等方面还有提升空间。

2.民办高等教育发展概况

民办高校教师发展基本状况分为4个测量指标，分别是教师自我效能感、教学策略、工作能力和合作意识。样本中教师自我效能感得分均值为3.954，在各指标中均值最高；合作意识的得分均值为3.931；教学策略的得分均值为3.868；工作能力得分最低，均值为3.657。总体上，全国民办高校教师发展状况良好。自我效能感、合作意识得分均值较高，情况较好；同时，在课堂组织能力、科研能力、参与协作能力等方面还有提升空间。

民办高校学生发展基本状况分为4个测量指标，分别是获得感、情绪智力、自我主导和自主学习。样本中学生情绪智力得分均值为3.837，在各指标中均值最高；自我主导的得分均值为3.680；获得感的得分均值为3.657；自主学习最低，得分均值为3.584。总体上，全国民办高校学生发展状况较好。情绪智力和自我主导发展水平得分均值较高，情况较好；同时，在学生的认同程度、情绪管理、决断能力、计划能力等方面还有提升空间。

二、民办学校教师发展报告

1. 自我效能感

教师自我效能感共分为3个测量指标，分别是个人教学效能感、课堂管理效能感、学生投入效能感。民办学校样本中教师课堂管理效能感得分均值最高，中小学教师为4.095，高校教师为3.970；民办学校教师个人教学效能感得分均值居中，高校教师个人教学效能感得分均值为3.962，中小学教师为4.057；教师学生投入效能感得分均值最低，中小学教师为4.035，高校教师仅为3.932。总体上，民办高校教师自我效能感普遍低于民办中小学教师。

2. 教学策略

教师教学策略分4个测量指标，分别是师生沟通、教学模式、课堂组织和知识构建。民办学校样本中，教师的教学模式得分均值最高，其中，中小学教师为4.123，高校教师为4.038；其次是知识构建，民办高校教师知识构建得分均值为3.959，民办中小学教师知识构建得分均值为4.040；师生沟通在各维度中居第三位，民办高校教师师生沟通得分均值为3.880，民办中小学教师师生沟通得分均值为3.946；课堂组织得分均值最低，中小学教师为3.784，高校教师为3.550。整体来看，民办高校教师教学策略得分均值为3.868，民办中小学教师教学策略得分均值为3.971，民办高校教师教学策略水平总体低于民办中小学教师。

3. 工作能力

教师工作能力分为教学能力、科研能力、管理能力、一般能力 4 个测量维度。民办学校样本中教师教学能力得分均值最高，中小学教师为 4.000，高校教师为 3.922；其次是一般能力，得分均值为 3.755；管理能力在各维度中居第三位，得分均值为 3.654；教师科研能力最低，中小学教师为 3.574，高校教师为 3.356。总体上，民办高校教师工作能力得分普遍低于中小学教师。

4. 合作意识

教师合作意识情况共分 3 个测量指标，分别是参与协作意识、教学交流意识和共同愿景意识。民办中小学样本教师共同愿景意识得分均值最高，为 4.075；教学交流意识得分均值居中，为 4.069；参与协作意识最低，为 3.993。民办高校样本教师教学交流意识得分均值最高，为 3.963；共同愿景意识得分均值居中，为 3.913；参与协作意识最低，为 3.911。总体上，民办高校教师合作意识普遍低于民办中小学教师。

三、民办学校学生发展报告

1. 获得感

学生获得感共分为 4 个测量指标，分别是参与机会、认同程度、成就水平和满足状况。民办学校样本学生的满足状况得分均值最高，中小学学生为 4.092，高校学生为 3.820；民办学校学生的成就水平较高，高校学生为 3.795，中小学学生为 4.111；民办学校学生的认同程度良好，中小学学生为 3.903，高校学生为 3.491；参与机会得分均值最低，中小学学生为 3.861，高校学生为 3.523。总体上，民办高校学生的获得感普遍低于民办中小学学生。

2. 情绪智力

学生情绪智力分为 4 个测量指标，分别是自我评价、他人评价、情绪运用和情绪管理。民办学校样本中学生自我评价得分均值最高，高校学生为 3.988，中小学学生为 3.942；学生情绪运用情况良好，高校学生为 3.850，中小学学生为 3.938；民办学校学生他人评价状况良好，高校学生为 3.855，中小学学生为 3.928；学生情绪管理得分均值最低，高校学生为 3.841，中小学学生为 3.726。总体上，民办高校学生情绪智力普遍高于民办中小学学生。

目　录

第一部分

中国民办教育年度发展总报告

第一章　研究技术报告

内容提要

本章分析我国民办教育发展的背景，提出民办学校师生发展报告的研究目标，确定研究群体的样本范围，介绍了编制测量工具和施测的全过程。

一、研究背景

《中华人民共和国国民经济和社会发展第十三个五年规划纲要》（简称"十三五"规划）中明确提出推进教育现代化，做到"坚持教育优先发展，加快完善现代教育体系，全面提高教育质量，促进教育公平"。"十三五"规划中所提及完善现代教育体系，不仅是完善已有的公办教育，更重要的是形成公办与民办并举的教育格局，充分利用国家财政与民间投资共同构建一个可以满足人民需求的完善的教育体系。

我国民办教育发展步入一个新的历史阶段。2016年11月7日，十二届全国人大常委会第二十四次会议审议通过《中华人民共和国民办教育促进法》（修正案），明确对民办学校按照非营利性和营利性进行分类管理，这从法律上破解了困扰民办学校的法人属性不清、财产归属不明、扶持措施难以落实等瓶颈问题，拓展了民办教育的发展空间。随后印发《国务院关于鼓励社会力量兴办教育促进民办教育健康发展的若干意见》，教育部等部委联合印发《民办学校分类登记实施细则》和《营利性民办学校监督管理实施细则》等配套文件，初步形成了民办教育改革的顶层框架，同时针对现实问题回应了民办学校的诉求，明确了支持和规范民办教育发展的价值导向，这对促进民办学校发展、提高办学质量、规范办学行为产生了深远影响。

一方面，从改革的顶层设计看，有关文件注重改革的系统性、整体性和协同性，从促进公办教育和民办教育共同发展的大格局出发，立足于民办教育的健康可持续发展，明确了改革的目标和走向，回应了困扰民办教育和民办学校发展的一系列关键问题。另一方面，从改革的具体内容看，有关文件涉及营利性和非营利性两类民办学校的财政扶持、税费优惠、建设用地、收费定价、内外治理、法人属性、权益保障、队伍建设、监督管理等诸多领域的区别性政策；同时，也兼顾了各级政府、民办学校、行业组织、社会力量、举办者（投资人）、教师和学生等诸多民办教育的利益相关者，形成了整体配套的政策框架和推进体系。

在民办教育发展的新形势下，需要集智聚力，健全与完善中国特色民办教育治理体系，激发民办教育和民办学校改革发展的新动能。

《中国民办教育发展报告 2017》（以下简称《报告》）在民办教育大发展的背景下，聚焦于我国民办学校师生发展问题，探讨民办学校在改进质量、开展科研、面向市场服务、优化办学特色等方面的统筹、协调成效，全面探索如何提高师生发展水平。

二、研究目标

《报告》采用北京师范大学中国民办教育研究院科研团队自主研发的民办教育师生发展量表，通过量化统计分析与可视化技术，直观呈现当前我国民办学校师生发展的热点和难点问题。研究成果供教育行政部门、民办学校、学界同仁及广大师生参考使用。具体目标如下。

1）掌握民办学校师生发展现状。

2）开发运用民办教育师生发展量表。

3）探寻民办学校师生发展各方面的差异性。

4）建立全国范围内的民办教育发展数据库。

5）提供政府民办教育决策参考依据。

三、研究对象

《报告》的调查研究对象是我国民办学校的教师与学生。此次调查研究的区域涵盖东、中、西三个地区的代表省份。样本包括不同性别、年龄、职称和教育程度的教师群体，以及不同性别、年级、学科和家庭经济状况的学生群体。

（一）抽样决断

本研究选取了东、中、西三个地区 158 所民办学校（其中民办高校 29 所，民办中小学 129 所）的师生样本。教师有效样本数为 6205 人，其中，民办中小学教师 1898 人，民办高校教师 4307 人（表 1-1）；学生有效样本数为 59 472 人，其中，民办中小学学生 17 436 人，民办高校学生 42 036 人（表 1-2）。

表 1-1　教师样本情况

学段	人数/人	百分比/%
民办中小学	1898	30.59
民办高校	4307	69.41

表 1-2　学生样本情况

学段	人数/人	百分比/%
民办中小学	17 436	29.32
民办高校	42 036	70.68

（二）样本特征

1. 教师

从性别看，民办中小学教师有效样本数为 1898，其中女教师共 1264 人（占整体的 67%），男教师共 634 人（占整体的 33%），如图 1-1 所示。

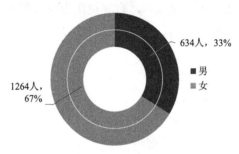

图 1-1　民办中小学教师性别分布图

民办高校教师有效样本数为 4307，其中女教师共 2887 人（占整体的 67%），男教师共 1420 人（占整体的 33%），如图 1-2 所示。

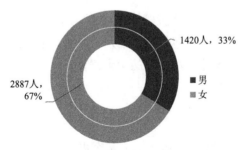

图 1-2　民办高校教师性别分布图

从年龄看，民办中小学教师有效样本数为 1898，其中 25 岁以下共 243 人（占整体的 13%），26 ～ 30 岁共 608 人（占整体的 32%），31 ～ 35 岁共 446 人（占整体的 23%），36 ～ 40 岁共 300 人（占整体的 16%），41 ～ 50 岁共 249 人（占整体的 13%），51 ～ 60 岁共 48 人（占整体的 3%），60 岁以上共 4 人（0%），如图 1-3 所示。

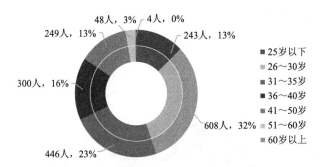

图 1-3　民办中小学教师年龄分布图

民办高校教师有效样本数为 4307，其中 25 岁以下共 201 人（占整体的 5%），26 ～ 30 岁共 1374 人（占整体的 32%），31 ～ 35 岁共 1505 人（占整体的 35%），36 ～ 40 岁共 738 人（占整体的 17%），41 ～ 50 岁共 298 人（占整体的 7%），51 ～ 60 岁共 87 人（占整体的 2%），60 岁以上共 104 人（占整体的 2%），如图 1-4 所示。

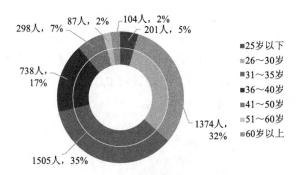

图 1-4　民办高校教师年龄分布图

从学历学位看，民办中小学教师有效样本数为 1898，其中专科及以下共 600 人（占整体的 32%），学士共 1164 人（占整体的 61%），硕士研究生共 119 人（占整体的 6%），博士研究生共 15 人（占整体的 1%），如图 1-5 所示。

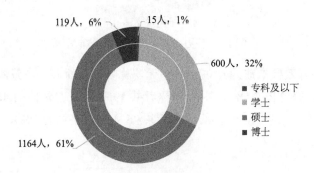

图 1-5　民办中小学教师学历分布图

民办高校教师有效样本数为 4307，其中专科及以下共 67 人（占整体的 2%），学士共 1125 人（占整体的 26%），硕士研究生共 3031 人（占整体的 70%），博士研究生共 84 人（占整体的 2%），如图 1-6 所示。

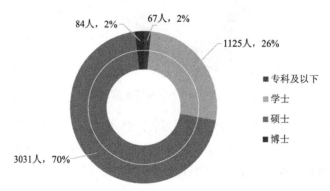

图 1-6　民办高校教师学历分布图

从职称看，民办中小学教师有效样本数为 1898，其中无职称者共 784 人（占整体的 41%），小学二级教师共 77 人（占整体的 4%），小学一级教师共 104 人（占整体的 5%），小学高级教师共 51 人（占整体的 3%），中学三级教师共 64 人（占整体的 3%），中学二级教师共 396 人（占整体的 21%），中学一级教师共 317 人（占整体的 17%），中学高级教师共 105 人（占整体的 6%），如图 1-7 所示。

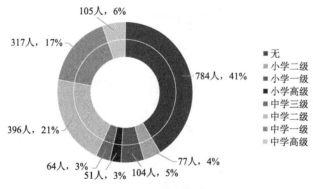

图 1-7　民办中小学教师职称分布图

民办高校教师有效样本数为 4307，其中无职称者共 606 人（占整体的 14%），初级职称者共 1179 人（占整体的 27%），中级职称者共 1955 人（占整体的 46%），副高级职称者共 471 人（占整体的 11%），正高级职称者共 96 人（占整体的 2%），如图 1-8 所示。

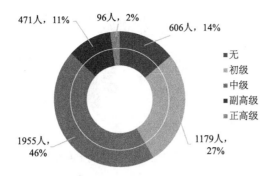

图 1-8 民办高校教师职称分布图

2. 学生

从性别看，民办中小学学生有效样本数为 17 436，其中女生 6977 人（占整体的 40%），男生 10 459 人（占整体的 60%），如图 1-9 所示。

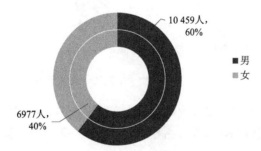

图 1-9 民办中小学学生性别分布图

民办高校学生有效样本数为 42 036，其中女生 24 597 人（占整体的 59%），男生 17 439 人（占整体的 41%），如图 1-10 所示。

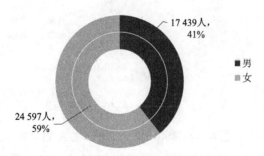

图 1-10 民办高校学生性别分布图

从是否是独生子女看，民办中小学学生有效样本数为 17 436，其中独生子女共 5776 人（占整体的 33%），非独生子女共 11 660 人（占整体的 67%），如图 1-11 所示。

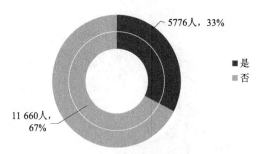

图 1-11　民办中小学学生独生子女分布图

民办高校学生有效样本数为 42 036，其中独生子女共 13 642 人（占整体的 32%），非独生子女共 28 394 人（占整体的 68%），如图 1-12 所示。

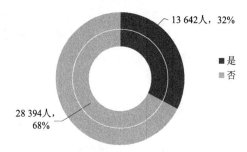

图 1-12　民办高校学生独生子女分布图

从年级看，民办中小学学生有效样本数为 17 436，其中小学四年级共 3837 人（占整体的 22%），初中二年级共 6414 人（占整体的 37%），高中一年级共 7185 人（占整体的 41%），如图 1-13 所示。

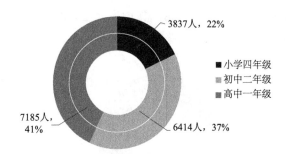

图 1-13　民办中小学学生年级分布图

民办高校学生有效样本数为 42 036，其中大一学生共 11 430 人（占整体的 27%），大二学生共 27 742 人（占整体的 66%），大三学生共 2563 人（占整体的 6%），大四及以上学生共 301 人（占整体的 1%），如图 1-14 所示。

从家庭经济状况看，民办中小学学生有效样本数为 17 436，其中家庭非常困难学生共 694 人（占整体的 4%），家庭比较困难学生共 1759 人（占整体的 10%），家庭经济状况中等的学生共 11 469 人（占整体的 66%），家庭比较富裕的学生共 2045 人（占整体的 12%），家庭很富裕的学生共 747 人（占整体的 4%），家庭经济状况不清楚的学生共 722 人（占整体的 4%），如图 1-15 所示。

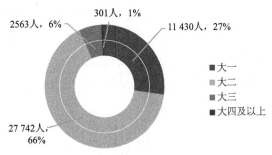

图 1-14 民办高校学生年级分布图

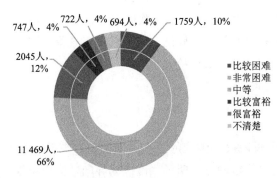

图 1-15 民办中小学学生家庭经济状况分布图

民办高校学生有效样本数为 42 036，其中每月支出与同学相比很少的学生共 3652 人（占整体的 9%），每月支出与同学相比较少的学生共 11 251 人（占整体的 27%），每月支出与同学持平的学生共 24 553 人（占整体的 58%），每月支出与同学相比较多的学生共 2149 人（占整体的 5%），每月支出与同学相比很多的学生共 431 人（占整体的 1%），如图 1-16 所示。

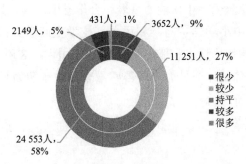

图 1-16 民办高校学生家庭经济状况分布图

四、研究方法

（一）调查方式

研究采用问卷调查和访谈相结合、量化研究与质性研究相结合的方式，得到较为可靠的研究结论。调查问卷以国内外相关研究的经典理论为依据，遵循问卷设计规则，自主开发设计。问卷发放采用纸质填写与网络作答结合的方式，由各省协调人负责协调、督促问卷作答任务。为保证作答真实有效，在委托前向有关负责人讲明本次研究的目的、操作方法和注意事项。

（二）分析方法

研究团队通过多元统计分析问卷调查回收的数据。回收数据使用 SPSS 统计软件录入和分析，并同时运用 R 语言软件和 AMOS 软件进行统计分析。分析侧重于各群体发展的差异性比较，主要采用得分平均数比较法，以柱状图形式呈现研究结果。同时重视各差异量之间的显著性检验和问卷信、效度检验。

（三）撰写特点

本报告撰写以客观反映民办学校师生发展现状、尊重数据结果为原则，重在呈现结果而非主观判断。行文风格以简洁、明了、准确为导向，突出可视化图形的直观表述。

五、测量工具

（一）工具设计

本研究的测量工具分为民办学校教师问卷和学生问卷。教师问卷包括 4 个量表：自我效能感量表、教学策略量表、工作能力量表和合作意识量表。如图 1-17 所示。

学生问卷分为民办中小学学生问卷和民办高校学生问卷。中小学学生问卷包括 3 个量表：获得感量表、情绪智力量表和能力发展量表。如图 1-18 所示。

民办高校学生问卷包括 4 个量表：获得感量表、情绪智力量表、自我主导量表和自主学习量表。如图 1-19 所示。

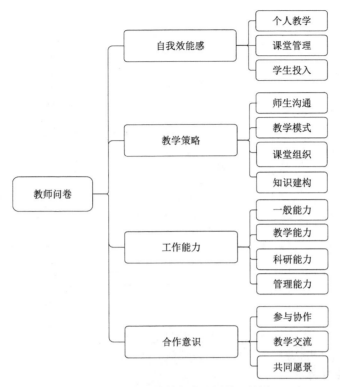

图 1-17 民办学校教师发展测量工具图

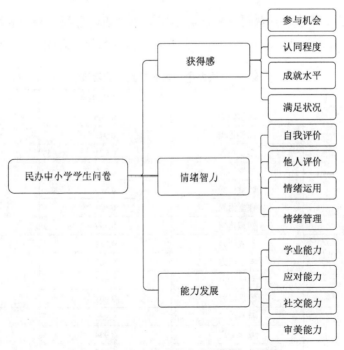

图 1-18 民办中小学学生发展测量工具图

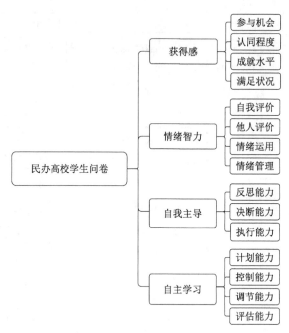

图 1-19　民办高校学生发展测量工具图

（二）工具可靠性

1. 教师量表的信度

民办中小学和高校教师获得感量表、情绪智力量表、自我主导量表和自主学习量表内部一致性信度都在 0.89 以上（表 1-3，表 1-4），信度系数达到团体施测的水平。

表 1-3　民办中小学教师量表信度表

测量指标	子维度	子维度α系数	指标α系数
自我效能感	教学策略	0.906	0.962
	课堂管理	0.911	
	学生投入	0.921	
教学策略	师生沟通	0.809	0.911
	教学模式	0.869	
	课堂组织	0.495	
	知识建构	0.797	
工作能力	一般能力	0.881	0.954
	教学能力	0.887	
	科研能力	0.934	
	管理能力	0.901	
合作意识	参与协作	0.921	0.967
	教学交流	0.904	
	共同愿景	0.917	

表 1-4 高校教师量表信度表

测量指标	子维度	子维度α系数	指标α系数
自我效能感	教学策略	0.915	0.963
	课堂管理	0.908	
	学生投入	0.924	
教学策略	师生沟通	0.794	0.895
	教学模式	0.866	
	课堂组织	0.586	
	知识建构	0.782	
工作能力	一般能力	0.806	0.934
	教学能力	0.868	
	科研能力	0.904	
	管理能力	0.838	
合作意识	参与协作	0.89	0.954
	教学交流	0.891	
	共同愿景	0.910	

2. 学生量表的信度

民办中小学学生获得感量表、情绪智力量表和能力发展量表内部一致性信度都在0.960以上（表 1-5），信度系数达到团体施测的水平。

表 1-5 中小学学生量表信度表

测量指标	子维度	子维度α系数	指标α系数
获得感	参与机会	0.903	0.968
	认同程度	0.941	
	成就水平	0.921	
	满足状况	0.916	
情绪智力	自我评价	0.914	0.967
	他人评价	0.871	
	情绪运用	0.908	
	情绪管理	0.932	
能力发展	学业能力	0.932	0.976
	应对能力	0.939	
	社交能力	0.954	

民办高校学生获得感量表、情绪智力量表、自我主导量表和自主学习量表内部一致性信度都在 0.940 以上（表 1-6），信度系数达到团体施测的水平。

表 1-6 高校学生量表信度表

测量指标	子维度	子维度α系数	指标α系数
获得感	参与机会	0.889	0.959
	认同程度	0.925	
	成就水平	0.895	
	满足状况	0.903	
情绪智力	自我评价	0.894	0.960
	他人评价	0.869	
	情绪运用	0.888	
	情绪管理	0.911	
自我主导	反思能力	0.926	0.944
	决断能力	0.860	
	执行能力	0.922	
自主学习	计划能力	0.889	0.967
	控制能力	0.909	
	调节能力	0.906	
	评估能力	0.910	

第二章　民办基础教育发展概况

内容提要

本章通过调查全国涵盖东、中、西区域的民办基础教育师生发展基本情况，运用数据和图形展示教师自我效能感、教学策略、工作能力和合作意识，以及学生获得感、情绪智力和能力发展等方面的发展情况。

一、中小学教师发展基本状况

民办中小学教师发展基本状况报告共有 4 个测量指标，分别是自我效能感、教学策略、工作能力和合作意识。样本中自我效能感得分均值为 4.062，在各指标中均值最高；工作能力最低，得分均值为 3.836（图 2-1）。

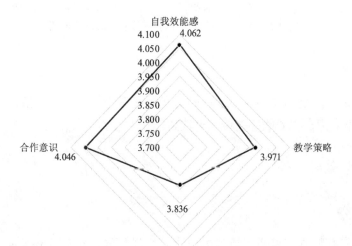

图 2-1　民办中小学教师发展指标均值图

（一）自我效能感

1. 总体情况

民办中小学教师自我效能感整体状况较好。本测量指标分为个人教学、课堂管理、学生投入 3 个维度。全国样本教师自我效能感的得分均值为 4.062，位居 4 个指标均值之首。

2. 维度比较

在个人教学、课堂管理、学生投入 3 个维度中，教师课堂管理效能感均值最高，达到 4.095；学生投入效能感均值最低，为 4.035（图 2-2）。

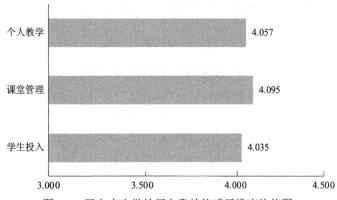

图 2-2　民办中小学教师自我效能感子维度均值图

3. 结果分析

从调研结果看，全国民办中小学教师自我效能感均值位居 4 个指标均值之首，表明全国民办中小学教师自我效能感整体水平较高。

（二）教学策略

1. 总体情况

民办中小学教师教学策略整体状况中等。本测量指标分为师生沟通、教学模式、课堂组织、知识构建 4 个维度。全国样本教师教学策略的得分均值为 3.971，位居 4 个指标均值第 3 位。

2. 维度比较

在师生沟通、教学模式、课堂组织、知识构建 4 个维度中，教学模式均值最高，达到 4.120；课堂组织均值最低，为 3.783（图 2-3）。

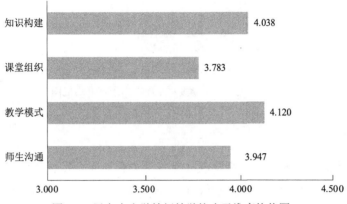

图 2-3　民办中小学教师教学策略子维度均值图

3. 结果分析

从调研结果看，全国民办中小学教师教学策略位居 4 个指标均值第 3 位。表明全国民办中小学教师教学策略整体水平不高，问题较为突出。尤其是课堂组织均值在各维度中最低，表明全国民办中小学教师运用课堂组织教学策略能力还有提升空间，值得关注。

（三）工作能力

1. 总体情况

民办中小学教师工作能力整体状况最低。本测量指标分为一般能力、教学能力、科研能力、管理能力 4 个维度。全国样本教师工作能力的得分均值为 3.836，位居 4 个指标均值第 4 位。

2. 维度比较

在一般能力、教学能力、科研能力、管理能力 4 个维度中，教学能力均值最高，达到 4.000；科研能力均值最低，为 3.575（图 2-4）。

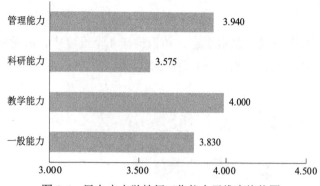

图 2-4　民办中小学教师工作能力子维度均值图

3. 结果分析

从调研结果看，全国民办中小学教师工作能力位居 4 个指标均值第 4 位。表明全国民办中小学教师工作能力整体水平较低，问题较为突出。特别是教师科研能力均值在各维度中最低，表明全国民办中小学教师科研能力还有提升空间，值得关注。

（四）合作意识

1. 总体情况

民办中小学教师合作意识整体状况较好。本测量指标分为参与协作、教学交流、共同愿景 3 个维度。全国样本教师合作意识的得分均值为 4.046，位居 4 个指标均值第 2 位。

2. 维度比较

在参与协作、教学交流、共同愿景 3 个维度中，共同愿景均值最高，达到 4.075；参与协作均值最低，为 3.994（图 2-5）。

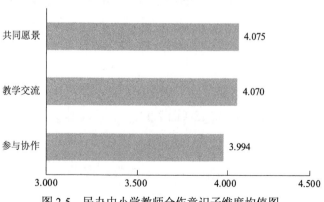

图 2-5　民办中小学教师合作意识子维度均值图

3.结果分析

从调研结果看，全国民办中小学教师合作意识位居 4 个指标均值第 2 位，表明全国民办中小学教师合作意识整体水平较高。值得关注的是教师参与协作能力均值在各维度中稍低，表明全国民办中小学教师参与协作能力还有提升空间。

（五）小结

总体上，全国民办中小学教师发展状况良好。自我效能感、合作意识水平均值较高，情况较好，但在以下几个方面还有提升空间。

1）民办中小学教师课堂组织能力还有提升空间。建议民办中小学重视教师教学策略提升，特别是重视教师课堂教学策略运用。

2）民办中小学教师科研能力还有提升空间。建议民办中小学制定专项政策鼓励教师广泛参与科研工作，提高教师科研能力。

3）民办中小学参与协作能力还有提升空间。建议民办中小学通过教研室活动、集体学习等形式提高教师参与协作能力，融入学校发展。

二、中小学学生发展基本状况

民办中小学学生发展基本状况报告共有 3 个测量指标，分别是获得感、情绪智力和能力发展。样本中学生获得感得分均值为 3.992，在各指标中均值最高。能力发展最低，得分均值为 3.731（图 2-6）。

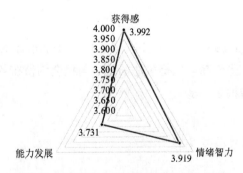

图 2-6　民办中小学学生发展指标均值图

（一）获得感

1. 总体情况

民办中小学学生获得感整体状况较好。本测量指标分为参与机会、认同程度、成就水平、满足状况 4 个维度。全国样本学生获得感的得分均值为 3.992，位居 3 个指标均值之首。

2. 维度比较

在参与机会、认同程度、成就水平、满足状况 4 个维度中，成就水平均值最高，达到 4.113；参与机会均值最低，为 3.860（图 2-7）。

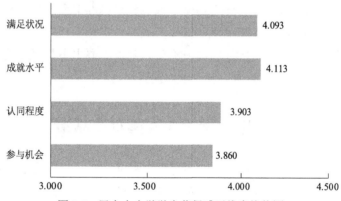

图 2-7　民办中小学学生获得感子维度均值图

3. 结果分析

从调研结果看，全国民办中小学学生获得感位居 3 个指标均值之首，表明全国民办中小学学生获得感整体水平较高。值得关注的是参与机会均值在各维度中稍低，表明全国民办中小学学生在校参与机会不多。

（二）情绪智力

1. 总体情况

民办中小学学生情绪智力整体状况较好。本测量指标分为自我评价、他人评价、情绪运用、情绪管理 4 个维度。全国样本学生情绪智力的得分均值为 3.919，在 3 个指标均值中居中。

2. 维度比较

在自我评价、他人评价、情绪运用、情绪管理 4 个维度中，自我评价均值最高，达到 3.988；情绪管理均值最低，为 3.842（图 2-8）。

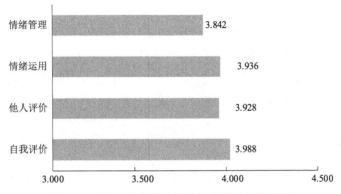

图 2-8 民办中小学学生情绪智力子维度均值图

3. 结果分析

从调研结果看，全国民办中小学学生情绪智力在 3 个指标均值中居中。表明全国民办中小学学生情绪智力整体水平一般，存在一定问题。特别是学生情绪管理均值在各维度中稍低，表明全国民办中小学学生情绪管理问题值得关注。

（三）能力发展

1. 总体情况

民办中小学学生能力发展整体状况较好。本测量指标分为学业能力、应对能力、社交能力、审美能力 4 个维度。全国样本学生能力发展的得分均值为 3.731，在 3 个指标均值中靠后。

2. 维度比较

在学业能力、应对能力、社交能力、审美能力 4 个维度中，审美能力均值最高，达到 3.790；学业能力均值最低，为 3.680（图 2-9）。

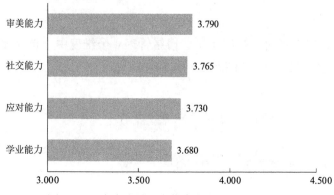

图 2-9　民办中小学学生能力发展子维度均值图

3. 结果分析

从调研结果看，全国民办中小学学生能力发展在 3 个指标均值中靠后。表明全国民办中小学学生能力发展整体水平较低，问题较为突出。值得关注的是学生学业能力均值在各维度中最低，表明全国民办中小学学生学业能力还有提升空间。

（四）小结

总体上，全国民办中小学学生发展状况较好。获得感和情绪智力发展水平均值较高，情况较好，但在以下几个方面还有提升空间。

1）民办中小学学生在校参与机会不多。建议民办中小学广泛了解学生需求，尊重学生意见，为学生参与学校管理提供更多的机会，增强学生获得感。

2）民办中小学学生情绪管理问题值得关注。建议民办中小学重视学生心理健康，关注学生情绪管理状况，促进学生情绪智力发展。

3）民办中小学学生学业能力还有提升空间。建议民办中小学整体设计学生核心素养教育，关注学生学业能力发展。

第三章　民办高等教育发展概况

内容提要

本章通过调查全国涵盖东、中、西区域的民办高等教育师生发展基本情况，运用数据和图形展示了教师自我效能感、教学策略、工作能力和合作意识，以及学生获得感、情绪智力、自我主导和自主学习等方面的发展情况。

一、高校教师发展基本状况

民办高校教师发展基本状况报告共有 4 个测量指标，分别是自我效能感、教学策略、工作能力和合作意识。样本教师的自我效能感得分均值为 3.954，在各指标中均值最高；工作能力最低，得分均值为 3.657（图 3-1）。

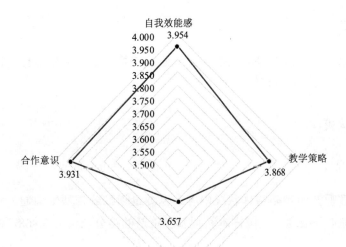

图 3-1　民办高校教师发展指标均值图

（一）自我效能感

1.总体情况

民办高校教师自我效能感整体状况较好。本测量指标分为个人教学、课堂管理、学生投入 3 个维度。全国样本教师自我效能感的得分均值为 3.954，位居 4 个指标均值之首。

2.维度比较

在个人教学、课堂管理、学生投入 3 个维度中，课堂管理效能感均值最高，达到 3.970；学生投入效能感均值最低，为 3.932（图 3-2）。

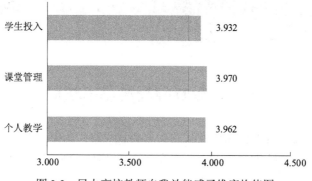

图 3-2　民办高校教师自我效能感子维度均值图

3.结果分析

从调研结果看，全国民办高校教师自我效能感均值位居 4 个指标均值之首，表明全国民办高校教师自我效能感整体水平较高。

（二）教学策略

1.总体情况

民办高校教师教学策略整体状况中等。本测量指标分为师生沟通、教学模式、课堂组织、知识构建 4 个维度。全国样本教师教学策略的得分均值为 3.868，位居 4 个指标均值第 3 位。

2.维度比较

在师生沟通、教学模式、课堂组织、知识构建 4 个维度中，教学模式均值最高，达到 4.037；课堂组织均值最低，为 3.550（图 3-3）。

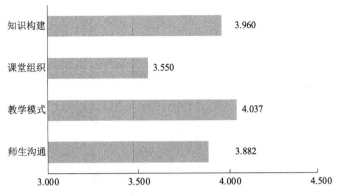

图 3-3 民办高校教师教学策略子维度均值图

3. 结果分析

从调研结果看，全国民办高校教师教学策略位居 4 个指标均值第 3 位。表明全国民办高校教师教学策略整体水平不高，问题较为突出。尤其是教师课堂组织均值在各维度中最低，表明全国民办高校教师运用课堂组织教学策略能力还有提升空间，值得关注。

（三）工作能力

1. 总体情况

民办高校教师工作能力整体得分最低。本测量指标分为一般能力、教学能力、科研能力、管理能力 4 个维度。全国样本教师工作能力的得分均值为 3.657，位居 4 个指标均值第 4 位。

2. 维度比较

在一般能力、教学能力、科研能力、管理能力 4 个维度中，教学能力均值最高，达到 3.923；科研能力均值最低，为 3.358（图 3-4）。

3. 结果分析

从调研结果看，全国民办高校教师工作能力位居 4 个指标均值第 4 位。表明全国民办高校教师工作能力整体水平较低，问题较为突出。特别是教师科研能力均值在各维度中最低，表明全国民办高校教师科研能力还有提升空间，值得关注。

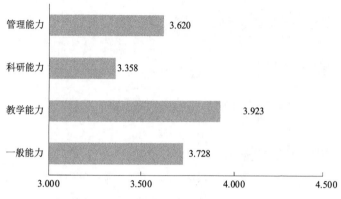

图 3-4　民办高校教师工作能力子维度均值图

（四）合作意识

1. 总体情况

民办高校教师合作整体状况较好。本测量指标分为参与协作、教学交流、共同愿景 3 个维度。全国样本教师合作意识的得分均值为 3.931，位居 4 个指标均值第 2 位。

2. 维度比较

在参与协作、教学交流、共同愿景三个维度中，教学交流均值最高，达到 3.963；参与协作均值较低，为 3.910（图 3-5）。

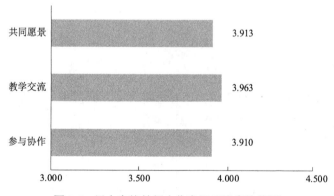

图 3-5　民办高校教师合作意识子维度均值图

3. 结果分析

从调研结果看，全国民办高校教师合作意识位居 4 个指标均值第 2 位，表明全国民办高校教师合作意识整体水平较高。值得关注的是教师参与协作能力均值在各维度中稍低，表明全国民办高校教师参与协作能力还有提升空间。

（五）小结

总体上，全国民办高校教师发展状况良好。自我效能感、合作意识水平均值较高，情况较好，但在以下几个方面还有提升空间。

1）民办高校教师课堂组织能力还有提升空间。建议民办高校重视教师教学策略提升，特别是重视教师课堂教学策略运用。

2）民办高校教师科研能力还有提升空间。建议民办高校制定专项政策鼓励教师广泛参与科研工作，提高教师科研能力。

3）民办高校参与协作能力还有提升空间。建议民办高校通过教研室活动、集体学习等形式提高教师参与协作能力，融入学校发展。

二、高校学生发展基本状况

民办高校学生发展基本状况报告共有 4 个测量指标，分别是获得感、情绪智力、自我主导和自主学习。样本学生情绪智力得分均值为 3.837，在各指标中均值最高。自主学习最低，得分均值为 3.584（图 3-6）。

图 3-6　民办高校学生发展指标均值图

（一）获得感

1. 总体情况

民办高校学生获得感整体状况较好。本测量指标分为参与机会、认同程度、成就水平、满足状况 4 个维度。全国样本学生获得感的得分均值为 3.657，位居 4 个指标均值第 3 位。

2. 维度比较

在参与机会、认同程度、成就水平、满足状况 4 个维度中，满足状况均值最高，达到 3.820；认同程度均值最低，为 3.490（图 3-7）。

3. 结果分析

从调研结果看，全国民办高校学生获得感位居 4 个指标均值第 3 位。表明全国民办高校学生获得感整体水平稍低，问题较为突出。值得关注的是认同程度均值在各维度中稍低，表明全国民办高校学生的认同程度有待提升。

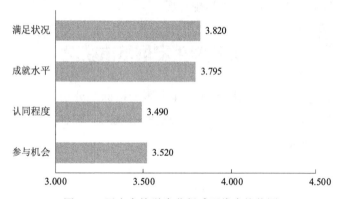

图 3-7　民办高校学生获得感子维度均值图

（二）情绪智力

1. 总体情况

民办高校学生情绪智力整体状况较好。本测量指标分为自我评价、他人评价、情绪运用、情绪管理 4 个维度。全国样本学生情绪智力的得分均值为 3.837，位居 4 个指标均值之首。

2. 维度比较

在自我评价、他人评价、情绪运用、情绪管理 4 个维度中，自我评价均值最高，达到 3.942；情绪管理均值最低，为 3.727（图 3-8）。

3. 结果分析

从调研结果看，全国民办高校学生情绪智力位居 4 个指标均值之首，表明全国民办高校学生情绪智力整体水平较高。学生情绪管理均值在各维度中稍低，表明全国民办高校学生情绪管理问题值得关注。

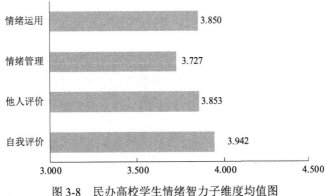

图 3-8 民办高校学生情绪智力子维度均值图

（三）自我主导

1. 总体情况

民办高校学生自我主导整体状况较好。本测量指标分为反思能力、决断能力、执行能力 3 个维度。全国样本学生自我主导的得分均值为 3.680，位居 4 个指标均值第 2 位。

2. 维度比较

在反思能力、决断能力、执行能力 3 个维度中，反思能力均值最高，达到 3.826；决断能力均值最低，为 3.558（图 3-9）。

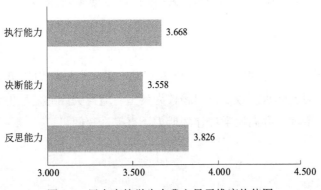

图 3-9 民办高校学生自我主导子维度均值图

3. 结果分析

从调研结果看，全国民办高校学生自我主导位居 4 个指标均值第 2 位，表明全国民办高校学生自我主导整体水平较高。值得关注的是学生决断能力均值在各维度中较低，表明全国民办高校学生决断能力还有提升空间。

（四）自主学习

1. 总体情况

民办高校学生自主学习整体状况较好。本测量指标分为计划能力、控制能力、调节能力和评估能力 4 个维度。全国样本学生自主学习的得分均值为 3.584，位居 4 个指标均值第 4 位。

2. 维度比较

在计划能力、控制能力、调节能力和评估能力 4 个维度中，控制能力均值最高，达到 3.617；计划能力均值最低，为 3.540（图 3-10）。

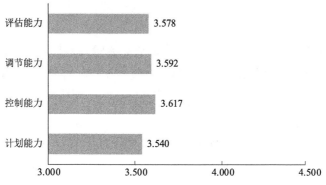

图 3-10　民办高校学生自主学习子维度均值图

3. 结果分析

从调研结果看，全国民办高校学生自主学习位居 4 个指标均值第 4 位。表明全国民办高校学生自主学习整体水平较低，问题较为突出。值得关注的是学生计划能力均值在各维度中较低，表明全国民办高校学生计划能力还有提升空间。

（五）小结

总体上，全国民办高校学生发展状况较好。情绪智力和自我主导发展水平均值较高，情况较好，但在以下几个方面还有提升空间。

1）民办高校学生的认同程度有待提升。建议民办高校关心学生学习与生活，深入挖掘学校文化内涵，将文化蕴于课程中，形成师生共识，增强学生获得感。

2）民办高校学生情绪管理问题值得关注。建议民办高校高度重视学生心理健康，特别关注学生情绪管理状况，促进学生情绪智力发展。

3）民办高校学生决断能力还有待强化。建议民办高校高度重视立德树人，培养学生形成正确的价值观，加强意志力训练，提高决断能力。

4）民办高校学生计划能力还有提升空间。建议民办高校关注学生职业发展规划，从学业规划开始提高学生计划能力。

第二部分

民办学校教师发展报告

第四章 自我效能感

内容提要

本章通过调查全国东、中、西部民办高校、民办中小学教师的自我效能感情况，运用数据和图形展示民办高校教师个人教学效能感、课堂管理效能感和学生投入效能感的发展情况。

自我效能感是指个人对自己能够进行某一行为的能力的相信程度。[①]这一概念是美国著名心理学家班杜拉于 20 世纪 70 年代在其著作《思想和行为的社会基础》中提出的。他认为，一个人在不同的领域中，其自我效能感是不同的。因此，并不存在一般的自我效能感。从 20 世纪 80 年代中期开始，自我效能感理论得到了丰富和发展，也得到了大量实证研究的支持。在国内，北京师范大学林崇德、庞丽娟、辛涛、申继亮、洪秀敏等学者的相关研究成果较有影响力。

教师自我效能感是指教师对教育价值、对自己做好教育工作与积极影响儿童发展的教育能力的自我判断、信念与感受。[②]教师自我效能感情况共包括 3 个测量指标，分别是个人教学效能感、课堂管理效能感、学生投入效能感。民办学校样本教师课堂管理效能感均值最高，中小学教师为 4.095，高校教师为 3.970；学生投入效能感均值最低，中小学教师为 4.035，高校教师仅为 3.932（图 4-1）。总体上，民办高校教师自我效能感普遍低于民办中小学教师。

[①] 董奇，周勇 . 论学生学习的自我监控 [J]. 北京师范大学学报（社会科学版），1994（1）：13.
[②] 庞丽娟，洪秀敏 . 教师自我效能感：教师自主发展的重要内在动力机制 [J]. 教师教育研究，2005（4）：43.

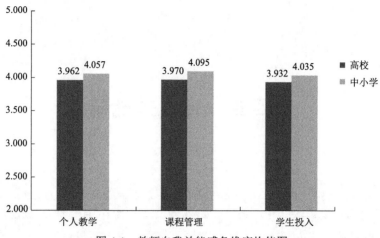

图 4-1 教师自我效能感各维度均值图

一、个人教学

（一）基本情况

个人教学效能感是指教师对自己是否有能力完成教学任务和教好学生的信念。[①]

民办学校教师个人教学效能感状况良好，高校教师个人教学效能感均值为 3.962，中小学教师为 4.057，在教师自我效能感各维度中均值居中。

（二）差异分析

1. 性别

通过显著性水平检验，不同性别民办高校教师个人教学效能感存在显著差异（$p < 0.001$），不同性别民办中小学教师个人教学效能感差异不显著（$p > 0.05$）（表 4-1）。

表 4-1 民办学校教师个人教学效能感性别差异检验

影响因素		高校		中小学	
		平均值	p	平均值	p
性别	男	4.004	0.000***	4.061	0.858
	女	3.943		4.056	

注：* 表示在 0.05 水平上显著，** 表示在 0.01 水平上显著，*** 表示在 0.001 水平上显著；本书余同，并直接报告差异显著水平。

[①] 林崇德，申继亮，辛涛. 教师素质的构成及其培养途径 [J]. 中国教育学刊，1996（6）：18.

在不同性别分组比较中，民办高校男教师个人教学效能感明显高于女教师（图4-2）。

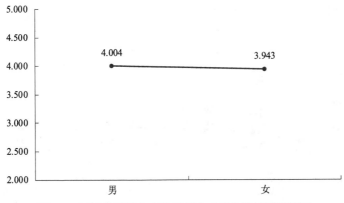

图 4-2 不同性别民办高校教师个人教学效能感差异图

2. 身份

通过显著性水平检验，不同身份民办高校教师个人教学效能感差异不显著（$p=0.078 > 0.05$），不同身份民办中小学教师个人教学效能感存在显著差异（$p=0.049* < 0.05$）。

在不同身份分组比较中，全职教师个人教学效能感明显高于兼职教师（图4-3）。

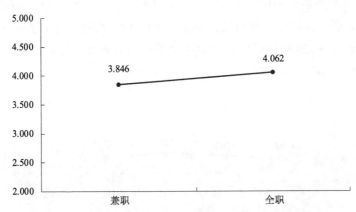

图 4-3 不同身份民办中小学教师个人教学效能感差异图

3. 年龄

通过显著性水平检验，不同年龄民办高校教师个人教学效能感存在显著差异（$p=0.002** < 0.01$），不同年龄民办中小学教师个人教学效能感存在显著差异（$p=0.000*** < 0.001$）。

在不同年龄分组比较中，50岁及以下教师，无论是民办高校教师还是中小学教师总体趋势都是随着年龄的增长个人教学效能感上升。50岁以上教师都出现了效能感下降现象，其中中小学教师效能感下降明显；51 ～ 60 岁高校教师效能感下降，60 岁之后又开始上升。其中 41 ～ 50 岁的民办学校教师个人教学效能感均值最高，60 岁以上民办中小学教师均值最低，25 岁以下民办高校教师均值最低（图 4-4）。

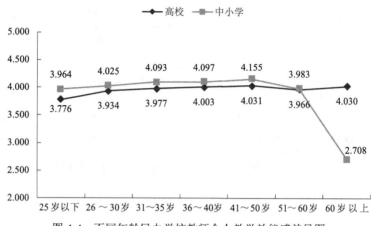

图 4-4　不同年龄民办学校教师个人教学效能感差异图

4. 教龄

通过显著性水平检验，不同教龄民办高校教师个人教学效能感差异不显著（$p=0.510 > 0.05$），不同教龄民办中小学教师个人教学效能感存在显著差异（$p=0.004** < 0.01$）。

在不同教龄分组比较中，随着民办中小学教师教龄的增长出现了效能感先上升后下降的趋势，其中 11 ～ 20 年教龄的民办中小学教师个人教学效能感最强，30 年以上教龄和 1 ～ 5 年教龄的教师个人教学效能感最弱（图 4-5）。

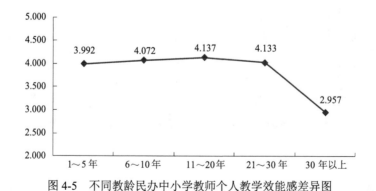

图 4-5　不同教龄民办中小学教师个人教学效能感差异图

5. 职称

通过显著性水平检验，不同职称民办高校教师（$p=0.062$）、中小学教师（$p=0.058$）个人教学效能感差异不显著（$p > 0.05$）。

6. 职务

通过显著性水平检验，不同职务民办高校教师个人教学效能感存在显著差异（$p=0.002** < 0.01$），不同职务民办中小学教师个人教学效能感存在显著差异（$p=0.000*** < 0.001$）。

在民办高校承担科研任务的教师个人教学效能感最强，担任校领导的教师个人教学效能感最弱（图4-6）；在民办中小学担任副校长的教师个人教学效能感最强，担任正校长的教师个人教学效能感最弱（图4-7）。

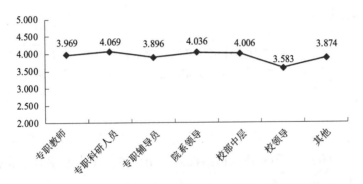

图4-6 不同职务民办高校教师个人教学效能感差异图

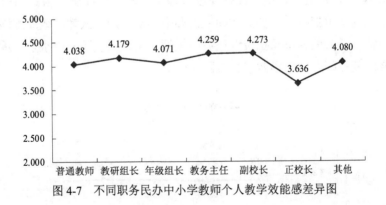

图4-7 不同职务民办中小学教师个人教学效能感差异图

7. 受教育程度

通过显著性水平检验，受教育程度不同的民办高校教师（$p=0.052 > 0.05$）、中小学教师（$p=0.428 > 0.05$）个人教学效能感差异不显著。

8. 任教学科

通过显著性水平检验，不同任教学科民办高校教师个人教学效能感存在显著差异（$p=0.001*** < 0.01$），不同任教科目民办中小学教师个人教学效能感差异不显著（$p=0.173 > 0.05$）。

在不同任教学科分组比较中，民办高校艺术学教师个人教学效能感均值最高，农学教师个人教学效能感均值最低（图4-8）。

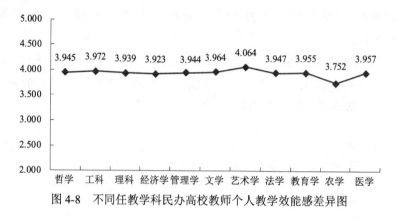

图4-8　不同任教学科民办高校教师个人教学效能感差异图

9. 课程门数

通过显著性水平检验，不同授课门数民办高校教师个人教学效能感存在显著差异（$p=0.000*** < 0.001$），不同授课门数民办中小学教师个人教学效能感存在显著差异（$p=0.003** < 0.01$）。

在不同授课门数分组比较中，民办高校教师个人教学效能感均值最高的为授课4门的教师，最低的为不承担授课任务的教师；民办中小学教师个人教学效能感均值最高的为授课3门的教师，最低的为不承担授课任务的教师。无论高校还是中小学，承担课程超过一定数量都会降低教师个人教学效能感（图4-9。）

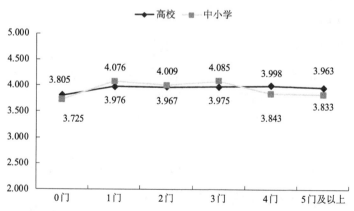

图4-9　不同授课门数民办学校教师个人教学效能感差异图

10. 上班单程时间

通过显著性水平检验，上班时间不同的民办高校教师个人教学效能感存在显著差异（*p*=0.028* ＜0.05），上班时间不同的民办中小学教师个人教学效能感差异不显著（*p*=0.097＞0.05）。

上班单程时间为半小时到1小时的民办高校教师个人教学效能感最强；单程超过2小时的民办高校教师个人教学效能感最弱（图4-10）。

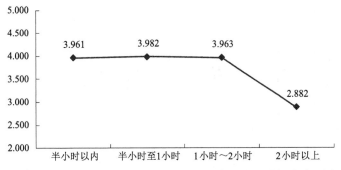

图4-10　不同上班单程时间民办高校教师个人教学效能感差异图

11. 年收支水平

通过显著性水平检验，不同年收支水平民办高校教师个人教学效能感存在显著差异（*p*=0.01** ＜0.05），不同年收支水平民办中小学教师个人教学效能感差异不显著（*p*=0.196＞0.05）。

在不同年收支水平分组比较中，民办高校教师总体趋势是随着年收支水平富余程度的提高个人教学效能感逐步上升，其中年收支水平很富余的民办高校教师个人教学效能感均值最高，年收支水平很不足的教师均值最低（图4-11）。

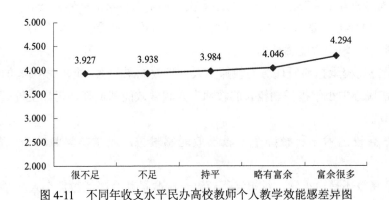

图4-11　不同年收支水平民办高校教师个人教学效能感差异图

12. 工作满意度

通过显著性水平检验，工作满意度水平不同的民办高校、中小学教师个人教学效能感存在显著差异（*p*=0.000*** ＜0.001）。

在不同工作满意度分组比较中，无论是民办高校教师还是中小学教师总体趋势都是随着满意度的提高个人教学效能感增强，其中，"非常满意"的民办学校教师个人教学效能感均值最高，"非常不满意"的民办学校教师最低（图4-12）。

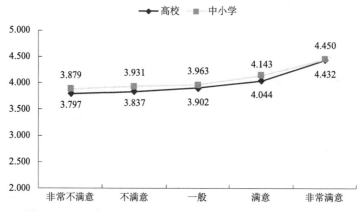

图4-12　不同工作满意度民办学校教师个人教学效能感差异图

（三）结论

1）民办高校男教师个人教学效能感明显高于女教师。

2）民办中小学全职教师个人教学效能感明显高于兼职教师。

3）50岁及以下教师，无论是民办高校教师还是中小学教师总体趋势都是随着年龄的增长个人教学效能感上升，50岁以上教师都出现了效能感下降现象，但高校教师60岁之后又开始上升。中年（41～50岁）民办学校教师个人教学效能感最强，老年（60岁以上）民办中小学教师和青年（25岁以下）民办高校教师个人教学效能感最弱。

4）11～20年教龄的民办中小学教师个人教学效能感最强，30年以上教龄和1～5年教龄的教师个人教学效能感最弱。

5）在民办高校承担科研任务的教师个人教学效能感最强，担任校领导的教师个人效能感最弱；在民办中小学担任副校长的教师个人教学效能感最强，担任正校长的教师个人教学效能感最弱。

6）民办高校艺术学科教师个人教学效能感最强，农学学科教师个人教学效能感最弱。

7）无论高校还是中小学，承担课程超过一定数量都会降低教师个人教学效能感。在民办高校讲授4门课的教师个人教学效能感最强，不承担授课任务的教师个人教学效能感最弱；在民办中小学讲授3门课的教师个人教学效能最强，不承担授课任务的教师个人教学效能感最弱。

8）上班单程时间为半小时到1小时的民办高校教师个人教学效能感最强；单程超过2小时的民办高校教师个人教学效能感最弱。

9）民办高校教师随着年收支水平富余程度的提高个人教学效能感逐步增强，其中年收支水平很富余的民办高校教师个人教学效能感最强，年收支水平很不足的教师个人教学效能感最弱。

10）无论是民办高校教师还是中小学教师都随着工作满意度的提升个人教学效能感增强，其中"非常满意"的民办学校教师个人教学效能感最强，"非常不满意"的民办学校教师个人教学效能感最弱。

二、课堂管理

（一）基本情况

课堂管理效能感是教师对自己的课堂管理行为是否合理和有效的自信程度，它决定了教师课堂管理行为的选择和教师的动机水平、归因、兴趣、态度及行为的习惯。

民办学校教师课堂管理效能感状况良好，高校教师课堂管理效能感均值为 3.970，中小学教师为 4.095，在教师自我效能感各维度中均值最高。

（二）差异分析

1. 性别

通过显著性水平检验，不同性别民办高校教师课堂管理效能感存在显著差异（$p=0.000*** < 0.001$），不同性别民办中小学教师课堂管理效能感差异不显著（$p=0.538 > 0.05$）。

在不同性别分组比较中，民办高校男教师课堂管理效能感明显高于女教师（图 4-13）。

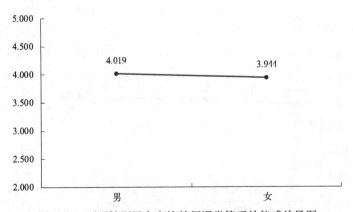

图 4-13　不同性别民办高校教师课堂管理效能感差异图

2. 身份

通过显著性水平检验，不同身份民办高校教师课堂管理效能感差异不显著（p= 0.579＞0.05），不同身份民办中小学教师课堂管理效能感存在显著差异（p=0.001**＜0.01）。

在不同身份分组比较中，民办中小学全职教师课堂管理效能感明显高于兼职教师（图 4-14）。

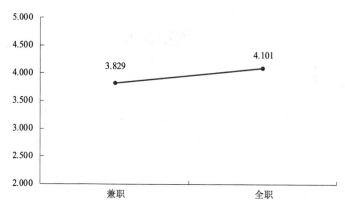

图 4-14　不同身份民办中小学教师课堂管理效能感差异图

3. 年龄

通过显著性水平检验，不同年龄民办高校教师课堂管理效能感差异不显著（p= 0.057＞0.05），不同年龄民办中小学教师课堂管理效能感存在显著差异（p=0.000***＜0.001）。

在不同年龄分组比较中，50 岁及以下教师，民办中小学教师总体趋势是随着年龄的增长课堂管理效能感上升。50 岁以上教师出现了效能感明显下降现象。其中 41～50 岁的民办中小学教师课堂管理效能感均值最高，60 岁以上民办中小学教师均值最低（图 4-15）。

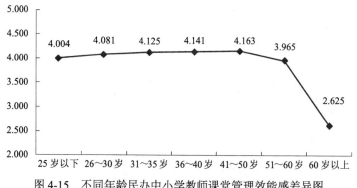

图 4-15　不同年龄民办中小学教师课堂管理效能感差异图

4. 教龄

通过显著性水平检验，不同教龄民办高校教师课堂管理效能感差异不显著（$p=0.34 > 0.05$），不同教龄民办中小学教师课堂管理效能感存在显著差异（$p=0.005** < 0.01$）。

在不同教龄分组比较中，随着民办中小学教师教龄的增长出现了效能感先上升后下降的趋势，其中 11～20 年教龄的民办中小学教师课堂管理效能感最强，30 年以上教龄和 1～5 年教龄的教师课堂管理效能感最弱（图 4-16）。

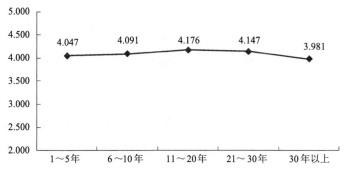

图 4-16 不同教龄民办中小学教师课堂管理效能感差异图

5. 职称

通过显著性水平检验，不同职称民办高校教师（$p=0.175 > 0.05$）、中小学教师（$p=0.247 > 0.05$）课堂管理效能感差异不显著。

6. 职务

通过显著性水平检验，不同职务民办高校教师（$p=0.009** < 0.01$）、中小学教师（$p=0.001** < 0.01$）课堂管理效能感存在显著差异。

在民办高校承担院系管理任务的教师课堂管理效能感最强，担任校领导的教师效能感最弱（图 4-17）；在民办中小学担任副校长的教师课堂管理效能感最强，担任正校长的

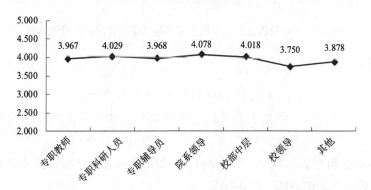

图 4-17 不同职务民办高校教师课堂管理效能感差异图

教师课堂管理效能感最弱（图 4-18）。

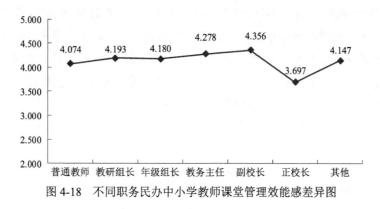

图 4-18　不同职务民办中小学教师课堂管理效能感差异图

7. 受教育程度

通过显著性水平检验，受教育程度不同的民办高校教师课堂管理效能感存在显著差异（$p=0.001** < 0.01$），受教育程度不同的民办中小学教师课堂管理效能感差异不显著（$p=0.85 > 0.05$）。

在不同受教育程度分组比较中，从学士研究生到博士研究生，随着民办高校教师学历的提高出现了效能感逐步上升的趋势，其中博士研究生学历的民办高校教师课堂管理效能感最强，学士学历的民办高校教师课堂管理效能感最弱（图 4-19）。

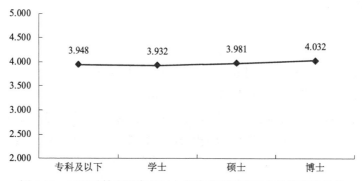

图 4-19　不同受教育程度的民办高校教师课堂管理效能感差异图

8. 任教学科

通过显著性水平检验，不同任教学科民办高校教师课堂管理效能感存在显著差异（$p=0.000*** < 0.001$），不同任教科民办中小学教师课堂管理效能感差异不显著（$p=0.055 > 0.05$）。

在不同任教学科分组比较中，民办高校艺术学教师课堂管理效能感均值最高，农学教师课堂管理效能感均值最低（图 4-20）。

图 4-20　不同任教学科民办高校教师课堂管理效能感差异图

9. 课程门数

通过显著性水平检验，不同授课门数民办高校教师课堂管理效能感存在显著差异（p=0.003** ＜ 0.001），不同授课门数民办中小学教师课堂管理效能感存在显著差异（p=0.000** ＜ 0.01）。

在不同授课门数分组比较中，民办高校教师课堂管理效能感均值最高的为授课 4 门的教师，最低的为不承担授课任务的教师；民办中小学教师课堂管理效能感均值最高的为授课 3 门的教师，最低的为不承担授课任务的教师；无论高校还是中小学，承担课程超过一定数量都会降低教师课堂管理效能感（图 4-21）。

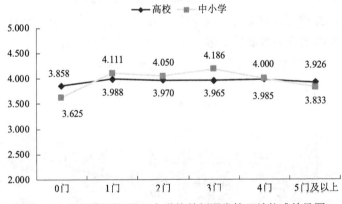

图 4-21　不同授课门数民办学校教师课堂管理效能感差异图

10. 上班单程时间

通过显著性水平检验，上班时间不同的民办高校教师（p=0.055 ＞ 0.05）、民办中小学教师（p=0.085 ＞ 0.05）课堂管理效能感差异不显著。

11. 年收支水平

通过显著性水平检验，不同年收支水平民办高校教师课堂管理效能感存在显著差异（p=0.000*** ＜ 0.001），不同年收支水平民办中小学教师课堂管理效能感差异不显著（p=0.136 ＞ 0.05）。

在不同年收支水平分组比较中，民办高校教师的基本趋势是随着年收支水平富余程度的提高课堂管理效能感逐步上升，其中年收支富余很多的民办高校教师课堂管理效能感均值最高，年收支水平不足的教师均值最低（图4-22）。

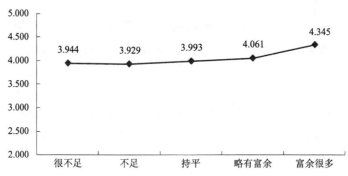

图 4-22　不同年收支水平民办高校教师课堂管理效能感差异图

12. 工作满意度

通过显著性水平检验，不同工作满意度水平民办高校教师（p=0.000*** ＜ 0.001）、中小学教师（p=0.002** ＜ 0.01）课堂管理效能感存在显著差异。

在不同工作满意度分组比较中，无论是民办高校教师还是中小学教师总体趋势都是随着满意度的提高课堂管理效能感增强，其中，"非常满意"的民办学校教师课堂管理效能感均值最高，"非常不满意"的民办学校教师最低（图4-23）。

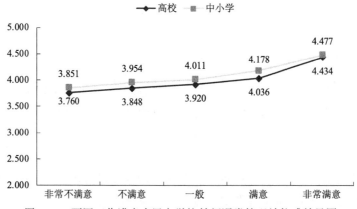

图 4-23　不同工作满意度民办学校教师课堂管理效能感差异图

（三）结论

1）民办高校男教师课堂管理效能感明显高于女教师。

2）民办中小学全职教师课堂管理效能感明显高于兼职教师。

3）50岁及以下教师，民办中小学教师总体趋势都是随着年龄的增长课堂管理效能感上升。50岁以上教师出现了效能感明显下降现象。其中41～50岁的民办中小学教师课堂管理效能感均值最高，60岁以上民办中小学教师均值最低。

4）11～20年教龄的民办中小学教师课堂管理效能感最强，30年以上教龄和1～5年教龄的教师课堂管理效能感最弱。

5）在民办高校承担院系管理任务的教师课堂管理效能感最强，担任校领导的教师效能感最弱；在民办中小学担任副校长的教师课堂管理效能感最强，担任正校长的教师课堂管理效能感最弱。

6）博士研究生学历的民办高校教师课堂管理效能感最强，学士学历的民办高校教师课堂管理效能感最弱。

7）民办高校艺术学教师课堂管理效能感均值最高，农学教师课堂管理效能感均值最低。

8）无论高校还是中小学，承担课程超过一定数量都会降低教师课堂管理效能感。民办高校教师课堂管理效能感均值最高的为授课4门的教师，最低的为不承担授课任务的教师；民办中小学教师课堂管理效能感均值最高的为授课3门的教师，最低的为不承担授课任务的教师。

9）民办高校教师随着年收支水平富余程度的提高课堂管理效能感逐步上升。其中年收支水平很富余的民办高校教师课堂管理效能感均值最高，年收支水平不足的教师均值最低。

10）无论是民办高校教师还是中小学教师，随着工作满意度的提高课堂管理效能感增强。其中，"非常满意"的民办学校教师课堂管理效能感均值最高，"非常不满意"的民办学校教师最低。

三、学生投入

（一）基本情况

学生投入效能感是教师对自己关注学生及投入程度是否合理有效的自信程度，它决定了教师对学生投入的选择和教师关注学生的方式。

民办学校教师学生投入效能感状况一般，高校教师学生投入效能感均值为3.932，中小学教师为4.035，在教师自我效能感各维度中均值最低。

（二）差异分析

1. 性别

通过显著性水平检验，不同性别民办高校教师学生投入效能感存在显著差异（$p=0.000*** < 0.001$），不同性别民办中小学教师学生投入效能感差异不显著（$p=0.455 > 0.05$）。

在不同性别分组比较中，民办高校男教师学生投入效能感明显高于女教师（图4-24）。

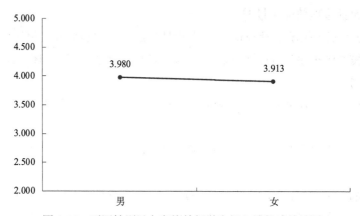

图 4-24　不同性别民办高校教师学生投入效能感差异图

2. 身份

通过显著性水平检验，不同身份民办高校教师（$p=0.495 > 0.05$）、中小学教师（$p=0.088 > 0.05$）学生投入效能感差异不显著。

3. 年龄

通过显著性水平检验，不同年龄民办高校教师学生投入效能感差异不显著（$p=0.094 > 0.05$），不同年龄民办中小学教师学生投入效能感存在显著差异（$p=0.000*** < 0.001$）。

在不同年龄分组比较中，民办中小学教师总体趋势是 50 岁及以下教师随着年龄的增长学生投入效能感上升；50 岁以上教师出现了效能感明显下降现象，其中 41 ～ 50 岁的民办中小学教师学生投入效能感均值最高，60 岁以上民办中小学教师均值最低（图4-25）。

4. 教龄

通过显著性水平检验，不同教龄民办高校教师学生投入效能感差异不显著（$p=0.646 > 0.05$），不同教龄民办中小学教师学生投入效能感存在显著差异（$p=0.041* < 0.05$）。

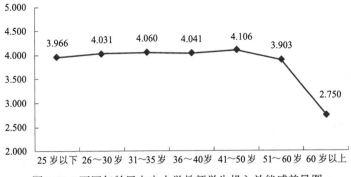

图 4-25 不同年龄民办中小学教师学生投入效能感差异图

在不同教龄分组比较中，随着民办中小学教师教龄的增长出现了效能感先上升后下降的趋势，其中 11～20 年教龄的民办中小学教师学生投入效能感最强，30 年以上教龄和 1～5 年教龄的教师学生投入效能感最弱（图 4-26）。

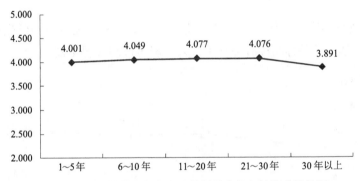

图 4-26 不同教龄民办中小学教师学生投入效能感差异图

5. 职称

通过显著性水平检验，不同职称民办高校教师（$p=0.058 > 0.05$）、中小学教师（$p=0.186 > 0.05$）学生投入效能感差异不显著。

6. 职务

通过显著性水平检验，不同职务民办高校教师学生投入效能感差异不显著（$p=0.223 > 0.05$），不同职务民办中小学教师学生投入效能感存在显著差异（$p=0.006** < 0.01$）。

在民办中小学担任副校长的教师学生投入效能感最强，担任正校长的教师学生投入效能感最弱（图 4-27）。

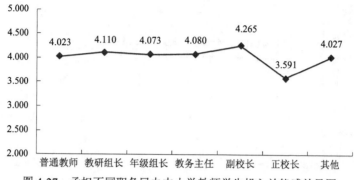

图 4-27 承担不同职务民办中小学教师学生投入效能感差异图

7. 受教育程度

通过显著性水平检验，受教育程度不同的民办高校教师学生投入效能感存在显著差异（p=0.001** ＜ 0.01），受教育程度不同的民办中小学教师学生投入效能感差异不显著（p=0.969 ＞ 0.05）。

在不同受教育程度分组比较中，博士研究生学历的民办高校教师学生投入效能感最强，专科及以下学历的民办高校教师学生投入效能感最弱（图 4-28）。

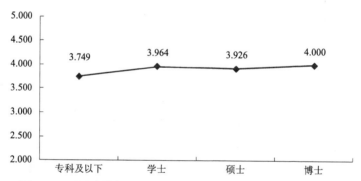

图 4-28 不同受教育程度的民办高校教师学生投入效能感差异图

8. 任教学科

通过显著性水平检验，不同任教学科民办高校教师学生投入效能感存在显著差异（p=0.000*** ＜ 0.001），不同任教科目民办中小学教师学生投入效能感差异不显著（p=0.062 ＞ 0.05）。

在不同任教学科分组比较中，民办高校艺术学教师学生投入效能感均值最高，农学教师学生投入效能感均值最低（图 4-29）。

9. 课程门数

通过显著性水平检验，不同授课门数民办高校教师学生投入效能感差异不显著（p=0.107 ＞ 0.05），不同授课门数民办中小学教师学生投入效能感存在显著差异（p=0.001*** ＜ 0.01）。

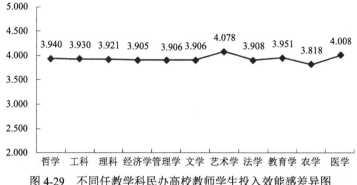

图 4-29　不同任教学科民办高校教师学生投入效能感差异图

在不同授课门数分组比较中，民办中小学教师学生投入效能感均值最高的为授课 3 门的教师，最低的为不承担授课任务的教师；承担课程超过一定数量（超过 4 门）会降低教师学生投入效能感（图 4-30）。

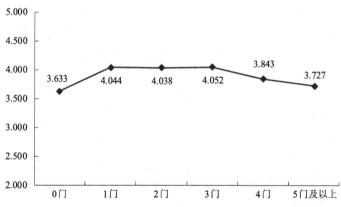

图 4-30　不同授课门数民办中小学教师学生投入效能感差异图

10. 上班单程时间

通过显著性水平检验，不同上班时间民办高校教师（$p=0.08 > 0.05$）、民办中小学教师（$p=0.496 > 0.05$）学生投入效能感差异不显著。

11. 年收支水平

通过显著性水平检验，不同年收支水平民办高校教师学生投入效能感存在显著差异（$p=0.001*** < 0.01$），不同年收支水平民办中小学教师学生投入效能感差异不显著（$p=0.275 > 0.05$）。

在不同年收支水平分组比较中，民办高校教师总体趋势是随着年收支水平富余程度的提高学生投入效能感逐步上升，其中年收支富余很多的民办高校教师学生投入效能感均值最高，年收支水平很不足的教师均值最低（图 4-31）。

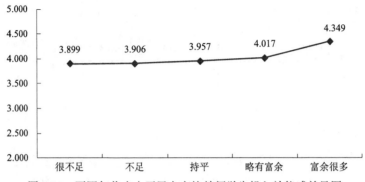

图 4-31　不同年收支水平民办高校教师学生投入效能感差异图

12. 工作满意度

通过显著性水平检验，不同工作满意度水平民办高校教师、中小学教师学生投入效能感存在显著差异（p=0.000*** ＜ 0.001）。

在不同工作满意度分组比较中，无论是民办高校教师还是中小学教师总体趋势都是随着满意度的提高学生投入效能感增强，其中，"非常满意"的民办学校教师学生投入效能感均值最高，"非常不满意"的民办学校教师最低（图 4-32）。

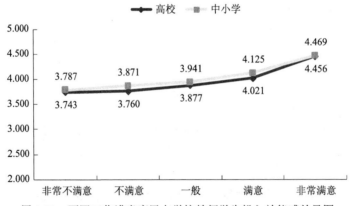

图 4-32　不同工作满意度民办学校教师学生投入效能感差异图

（三）结论

1）民办高校男教师学生投入效能感明显高于女教师。

2）50 岁及以下教师，民办中小学教师总体趋势是随着年龄的增长学生投入效能感上升。50 岁以上教师出现了效能感明显下降现象。其中 41 ～ 50 岁的民办中小学教师学生投入效能感均值最高，60 岁以上民办中小学教师均值最低。

3）11 ～ 20 年教龄的民办中小学教师学生投入效能感最强，30 年以上教龄和 1 ～ 5 年教龄的教师学生投入效能感最弱。

4）在民办中小学担任副校长的教师学生投入效能感最强，担任正校长的教师学生投入效能感最弱。

5）博士研究生学历的民办高校教师学生投入效能感最强，专科及以下学历的民办高校教师学生投入效能感最弱。

6）民办高校艺术学教师学生投入效能感均值最高，农学教师学生投入效能感均值最低。

7）民办中小学教师学生投入效能感均值最高的为授课3门的教师，最低的为不承担授课任务的教师。承担课程超过一定数量（超过4门）会降低教师学生投入效能感。

8）民办高校教师随着年收支水平富余程度的提高学生投入效能感逐步上升。其中年收支水平很富余的民办高校教师学生投入效能感均值最高，年收支水平很不足的教师均值最低。

9）无论是民办高校教师还是中小学教师总体趋势都是随着工作满意度的提高学生投入效能感增强。其中，"非常满意"的民办学校教师学生投入效能感均值最高，"非常不满意"的民办学校教师最低。

第五章 教学策略

内容提要

本章通过调查全国东、中、西部民办高校、民办中小学教师的教学策略使用情况，借助数据和图形展示民办学校教师的师生沟通、教学模式、课堂组织和知识构建等教学策略情况。

"策略"一词源于大规模军事行动的计划和指挥，一直与"方法""步骤"同义，泛指达到目的的手段和方法。在教学领域，"策略"主要指教学活动的顺序安排和师生间连续的有实在内容的交流安排。

教师教学策略（teaching strategy）是教师为了达成教学目的，完成教学任务，而在对教学活动清晰认识的基础上对教学活动进行调节和控制的一系列执行过程。[①]

整体来看，本研究中民办高校教师教学策略均值为 3.868，民办中小学教师教学策略均值为 3.971，民办高校教师教学策略水平总体低于民办中小学教师。

具体来看，教师教学策略分 4 个测量指标：师生沟通、教学模式、课堂组织和知识构建。民办学校样本中，教师的教学模式均值最高，其中，中小学教师为 4.123，高校教师为 4.038；课堂组织均值最低，中小学教师为 3.784，高校教师为 3.550（图 5-1）。且由图 5-1 可知，教师教学策略各分测量指标，民办高校教师均低于民办中小学教师。

---

① 和学新. 教学策略的概念、结构及其运用 [J]. 教育研究，2000（12）：54-58.

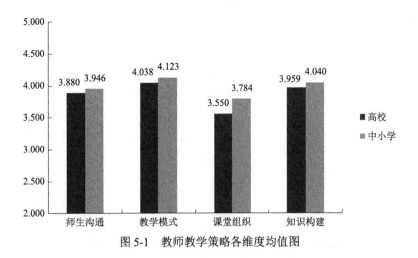

图 5-1　教师教学策略各维度均值图

一、师生沟通

（一）基本情况

师生沟通是师生之间的信息交换和情感交流过程，具有信息传递、控制、激励、加强相互理解等功能。

本研究中，民办学校师生沟通状况良好，民办高校教师师生沟通均值为 3.880，民办中小学教师师生沟通均值为 3.946，在各维度中均值居中。

（二）差异分析

1. 性别

通过显著性差异检验发现，不同性别民办高校教师的师生沟通具有显著性差异（$p < 0.05$），不同性别民办中小学教师的师生沟通差异不显著（$p > 0.05$）（表 5-1）。

表 5-1　民办学校教师师生沟通策略性别差异检验

影响因素		高校		中小学	
		平均值	p	平均值	p
性别	男	3.903	0.027*	3.971	0.111
	女	3.869		3.933	

在不同性别分组比较中，民办高校男教师师生沟通水平明显高于女教师（图 5-2）。

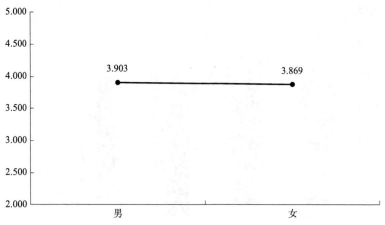

图 5-2　不同性别民办高校教师师生沟通策略差异图

2. 身份

通过显著性水平检验发现，兼职与全职民办高校教师师生沟通差异显著（$p=0.014* < 0.05$），兼职和全职民办中小学教师师生沟通差异不显著。

民办高校全职教师师生沟通水平显著高于兼职教师，表明对民办高校教师来说，专兼职状态对其师生沟通具有显著影响（图 5-3）。

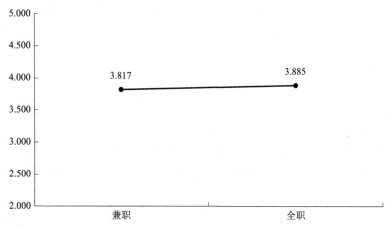

图 5-3　不同身份民办高校教师师生沟通策略差异图

3. 年龄

通过显著性水平检验，不同年龄民办高校教师师生沟通存在显著差异（$p=0.045* < 0.05$），不同年龄民办中小学教师师生沟通也存在显著差异（$p=0.000*** < 0.001$）。

民办高校教师的师生沟通呈现较为平缓的增长过程，中小学教师则呈现一种缓慢增长而后降低的过程，并且，60 岁以上的民办中小学教师的师生沟通水平明显低于其他年龄段，有巨大落差（图 5-4）。

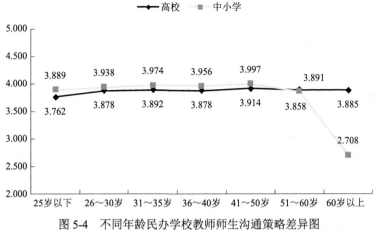

图 5-4　不同年龄民办学校教师师生沟通策略差异图

4. 教龄

通过显著性水平检验发现，不同教龄民办高校教师（$p=0.484 > 0.05$）和民办中小学教师（$p=0.088 > 0.05$）师生沟通均无显著性差异。

5. 职称

通过显著性水平检验，不同职称民办高校教师（$p=0.125 > 0.05$）、中小学教师（$p=0.081 > 0.05$）师生沟通差异不显著。

6. 职务

通过显著性水平检验，不同职务民办高校教师师生沟通不存在显著差异（$p=0.089 > 0.05$），不同职务民办中小学教师师生沟通存在显著差异（$p=0.001*** < 0.01$）。

民办中小学正校长师生沟通水平最低，教务主任的师生沟通水平最高（图 5-5）。

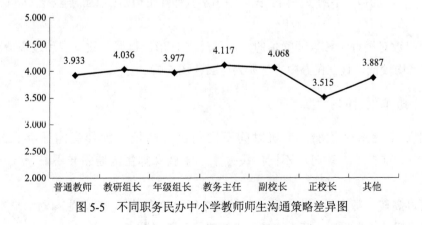

图 5-5　不同职务民办中小学教师师生沟通策略差异图

7. 受教育程度

通过显著性水平检验，不同受教育程度民办高校教师（$p=0.322 > 0.05$）、中小学教师（$p=0.632 > 0.05$）师生沟通差异不显著。

8. 任教学科

通过显著性水平检验，不同任教学科民办高校教师师生沟通存在显著差异（$p=0.000*** < 0.001$），不同任教学科民办中小学教师师生沟通差异不显著（$p=0.391 > 0.05$）。

在不同任教学科的比较中，民办高校艺术学教师师生沟通均值最高，农学教师师生沟通均值最低（图 5-6）。

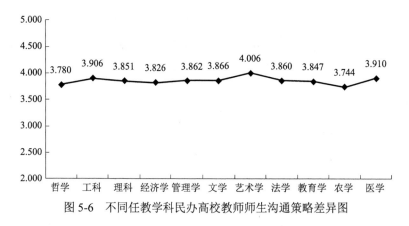

图 5-6　不同任教学科民办高校教师师生沟通策略差异图

9. 课程门数

通过显著性水平检验，不同授课门数民办高校教师师生沟通存在显著差异（$p=0.001*** < 0.01$），不同授课门数民办中小学教师师生沟通存在显著差异（$p=0.000*** < 0.001$）。

授课门数对民办学校教师师生的影响呈现倒 U 形，授课门数过少和过多情况下，师生沟通水平均较低，且在民办中小学尤为明显（图 5-7）。

10. 上班单程时间

通过显著性水平检验，上班时间不同的民办高校教师师生沟通存在显著差异（$p=0.020* < 0.05$），上班时间不同的民办中小学教师师生沟通差异不显著（$p=0.088 > 0.05$）。

对民办高校教师来说，当上班单程时间在可承受范围内，其师生沟通水平差异不大，当单程时间超过 2 小时后，师生沟通水平有明显落差（图 5-8）。

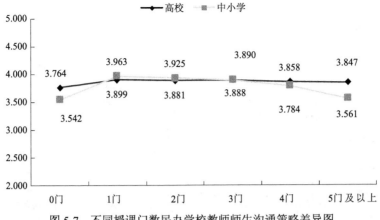

图 5-7　不同授课门数民办学校教师师生沟通策略差异图

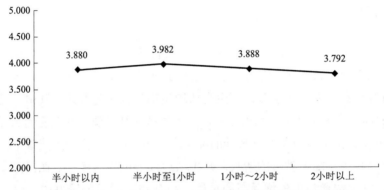

图 5-8　不同上班单程时间民办高校教师师生沟通策略差异图

11. 年收支水平

通过显著性水平检验，不同年收入水平民办高校教师（$p=0.222 > 0.05$）、中小学教师（$p=0.584 > 0.05$）师生沟通差异均不显著。

12. 工作满意度

通过显著性水平检验，不同工作满意度民办高校教师师生沟通存在显著差异（$p=0.000*** < 0.001$），不同工作满意度民办中小学教师师生沟通差异显著（$p=0.005** < 0.01$）。

工作满意度与师生沟通水平呈现一种正相关关系，不论是民办高校还是民办中小学，满意度越高，师生沟通水平越高（图 5-9）。

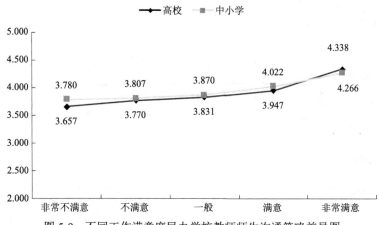

图 5-9　不同工作满意度民办学校教师师生沟通策略差异图

（三）结论

1）民办高校男教师师生沟通水平明显高于女教师。

2）民办高校全职教师师生沟通水平明显高于兼职教师。

3）民办高校和民办中小学教师师生沟通均随年龄有显著差异。其中，民办高校教师的师生沟通随年龄增大呈现平缓增长过程，中小学教师则呈现一种缓慢增长而后降低的过程，并且，60 岁以上的民办中小学教师的师生沟通水平明显低于其他年龄段，降幅明显。

4）民办高校中，随着教龄的增长，师生沟通水平也逐渐增长；在民办中小学，随着教龄的增长，师生沟通呈现先增后减的过程，30 年以上教龄的民办中小学教师师生沟通水平最低。

5）在民办中小学担任教务主任的教师师生沟通水平最高，担任正校长的教师师生沟通水平最低。

6）民办高校中，艺术学教师师生沟通均值最高，农学教师师生沟通均值最低。

7）不论是民办高校还是民办中小学，授课门数的影响呈现倒 U 形特征，授课门数为 0 和 5 门及以上的教师师生沟通水平均很低，且在民办中小学尤为明显。

8）当上班时间在两小时以内时，民办高校教师师生沟通差别不大，当时间超过两小时时，师生沟通水平显著降低。

9）无论是民办高校还是中小学，师生沟通与工作满意度呈现一种正相关关系，随着工作满意度的提升，师生沟通水平也同步提升。

二、教学模式

（一）基本情况

教学模式是教学理论和教学实践的中介，是教师在实践中组织教学活动所依据的操作范式。

本研究中，民办学校教师教学模式状况良好，其中民办高校教师教学模式均值为4.038，民办中小学教师教学模式均值为4.123，在4个维度中，教学模式均值最高。

（二）差异分析

1. 性别

通过显著性水平检验发现，不同性别民办高校教师（$p=0.239 > 0.05$）和民办中小学教师（$p=0.464 > 0.05$）在教学模式上差异均不显著。

2. 身份

通过显著性水平检验，不同身份民办高校教师教学模式存在显著差异（$p=0.000*** < 0.001$），不同身份民办中小学教师教学模式差异不显著（$p=0.059 > 0.05$）。

民办高校全职教师教学模式水平显著高于民办高校兼职教师，说明对民办高校教师来说，专兼职身份是影响教学模式水平的重要因素（图5-10）。

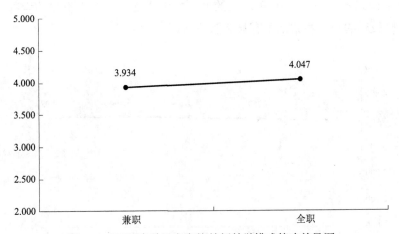

图5-10 不同身份民办高校教师教学模式策略差异图

3. 年龄

通过显著性水平检验发现，不同年龄民办高校教师、中小学教师教学模式差异均显著（p=0.000*** ＜ 0.001）。

对民办高校教师来说，随年龄的增长教学模式水平缓慢增长，略有波动；民办中小学教师的教学策略在 60 岁以下变化不明显，60 岁以上的民办中小学教师教学模式水平显著低于 60 岁以下的教师（图 5-11）。

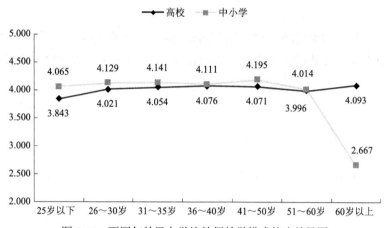

图 5-11　不同年龄民办学校教师教学模式策略差异图

4. 教龄

通过显著性水平检验，不同教龄民办高校教师教学模式存在显著差异（p=0.015* ＜ 0.05），不同教龄民办中小学教师教学模式差异不显著（p=0.271 ＞ 0.05）。

对民办高校教师来说，随教龄的增加教学模式水平显著提高，21 ～ 30 年教龄的民办高校教师教学模式水平最高，30 年以上的教师略低于 21 ～ 30 年教龄的教师。这表明教龄对民办高校教师的教学模式水平有显著影响（图 5-12）。

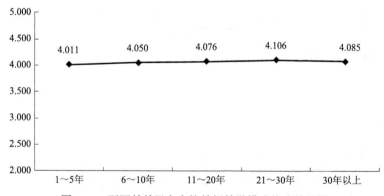

图 5-12　不同教龄民办高校教师教学模式策略差异图

5. 职称

通过显著性水平检验发现，不同职称民办高校教师（p=0.061 ＞ 0.05）、中小学教师

（p=0.593 ＞ 0.05）教学模式差异均不显著。

6. 职务

通过显著性水平检验，不同职务民办高校教师（p=0.001*** ＜ 0.01）、中小学教师（p=0.005** ＜ 0.01）教学模式差异均显著。

不同职务中，民办高校校领导的教学模式水平最低，其他职务的民办高校教师教学模式水平差距不明显（图5-13）；民办中小学的结果与民办高校类似，正校长的教学模式水平最低，其他职务的教师教学模式水平相差不大（图5-14）。

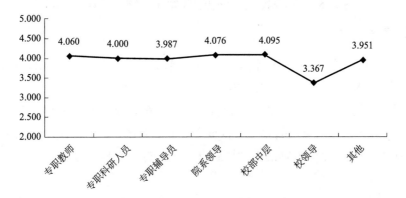

图 5-13　不同职务民办高校教师教学模式策略差异图

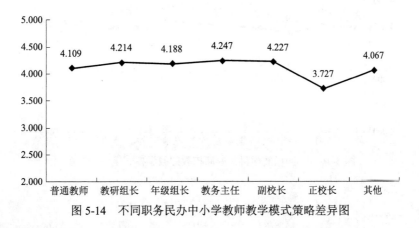

图 5-14　不同职务民办中小学教师教学模式策略差异图

7. 受教育程度

通过显著性水平检验，不同受教育程度民办高校教师教学模式存在显著差异（p=0.001*** ＜ 0.01），不同受教育程度民办中小学教师教学模式差异不显著（p=0.664 ＞ 0.05）。

对民办高校教师来说，最高学历为学士学位的教师教学模式水平最高，专科及以下学历的教师教学模式水平最低，学士学位之后，随受教育程度的提高，教学模式水平有缓慢下降（图5-15）。

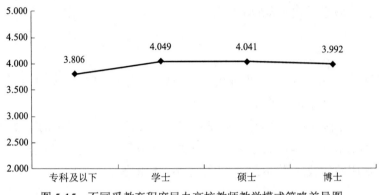

图 5-15　不同受教育程度民办高校教师教学模式策略差异图

8. 任教学科

通过显著性水平检验，不同任教学科民办高校教师教学模式差异显著（$p=0.000^{***} <$ 0.001），不同任教科目民办中小学教师教学模式存在显著差异（$p=0.036^* < 0.05$）。

民办高校农学教师的教学模式水平最低，艺术学教师教学模式水平最高（图 5-16）。

对民办中小学教师来说，随教学科目核心程度的降低，教学模式水平也呈下降趋势，表明任教科目对民办中小学教师的教学模式有显著影响（图 5-17）。

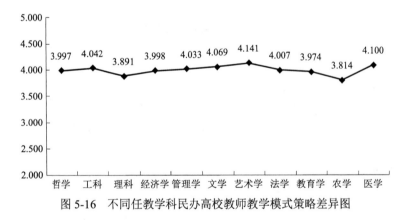

图 5-16　不同任教学科民办高校教师教学模式策略差异图

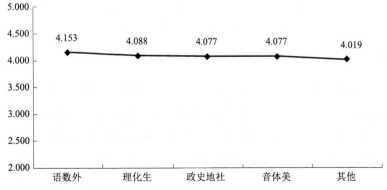

图 5-17　不同任教科目民办中小学教师教学模式策略差异图

9. 课程门数

通过显著性水平检验，不同授课门数民办高校教师、中小学教师教学模式差异均显著（$p=0.000*** < 0.001$）。

对民办高校和民办中小学来说，授课门数与教学模式之间呈现倒 U 形关系特征，当授课门数分别为 0 和 5 门以上时，教师教学模式水平最低，当授课门数在 1 ～ 4 门时，教学模式水平处于高位，呈波动状。这一倒 U 形关系在民办中小学教师中尤为明显（图 5-18）。

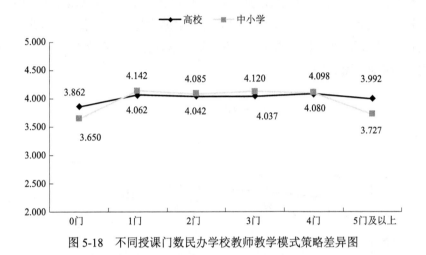

图 5-18　不同授课门数民办学校教师教学模式策略差异图

10. 上班单程时间

通过显著性水平检验，上班单程时间不同的民办高校教师教学模式存在显著差异（$p=0.016* < 0.05$），上班单程时间不同的民办中小学教师教学模式差异不显著（$p=0.525 > 0.05$）。

上班单程花费时间为半小时至 1 小时的民办高校教师教学模式水平最高，且当花费时间高于 1 小时后，随着花费时间的增加，教学模式水平呈下降趋势（图 5-19）。

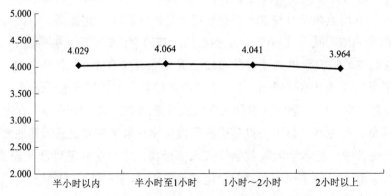

图 5-19　不同上班单程时间民办高校教师教学模式策略差异图

11. 年收支水平

通过显著性水平检验，不同年收支水平民办高校教师（$p=0.239 > 0.05$）、中小学教师（$p=0.530 > 0.05$）教学模式差异均不显著。

12. 工作满意度

通过显著性水平检验，不同工作满意度民办高校教师教学模式差异显著（$p=0.000*** < 0.001$），不同工作满意度民办中小学教师教学模式存在显著差异（$p=0.034* < 0.05$）。

不论是民办高校还是民办中小学，教师的教学模式与工作满意度均呈现正相关关系，随着满意程度的提高，教学模式水平也显著提高，表明工作满意度是影响民办学校教师教学模式的重要因素（图 5-20）。

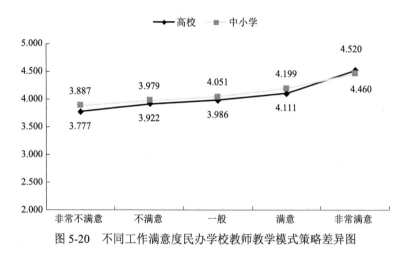

图 5-20　不同工作满意度民办学校教师教学模式策略差异图

（三）结论

1）民办高校全职教师教学模式水平明显高于兼职教师。

2）不同年龄的民办高校和民办中小学教师教学模式水平均有显著差异，其中，民办高校教师教学模式均值虽略有波动，但整体趋势是随年龄增大而提高。而民办中小学教师的教学模式则是先增后减，且 60 岁以上的教师，其教学模式均值大幅降低。

3）民办高校教师教学模式随教龄增加呈现先增后减的特征，其中，21 ～ 30 年教龄的民办高校教师教学模式水平最高，1 ～ 5 年教龄的教师教学模式水平最低。

4）民办高校中，学士学位的教师教学模式水平最高，硕士和博士研究生学位教师教学模式水平略低，而专科及以下民办高校教师教学模式水平明显要低于其他教师。

5）民办高校中，艺术学教师教学模式水平最高，农学学科教师教学模式水平最低。在民办中小学，语数外等主科的教师教学模式水平较高，并且随着科目重要性的降低，教学模式水平也降低。

6）无论是民办高校还是中小学，授课门数对教师教学模式的影响都呈倒 U 形，其中，民办中小学尤其明显。当授课门数为 0 时，民办高校和民办中小学教师教学模式均处于最低值，而当授课门数在 5 门及以上时，教学模式水平居于次低值，这两种情况下，民办高校教师均高于中小学教师。当授课门数在 1～4 门时，教学模式处于较稳定的高值，且民办中小学教师均高于民办高校教师。

7）当上班单程时间高于 1 小时，民办高校教师教学模式水平呈下降趋势，当上班单程时间为 2 小时以上时，教学模式水平处于最低值。

8）无论是民办高校教师还是中小学教师，教学模式水平都随工作满意度的提升而提高，呈现正相关关系。

三、课堂组织

（一）基本情况

课堂组织经历了从个别指导到班级授课组织，再回到个别指导，然后从个别指导再到课堂共同体的演变过程。[①] 有效地进行课堂组织是教师教学策略的重要方面。

本研究发现，教师课堂组织有待提升，民办高校教师课堂组织均值为 3.550，民办中小学教师课堂组织均值为 3.784，在 4 个维度中，课堂组织均值处于最低，且与其他维度相差较大。

（二）差异分析

1. 性别

通过显著性水平检验，不同性别民办高校、中小学教师课堂组织差异均显著（$p=0.000*** < 0.001$）。

不论是民办高校还是民办中小学，男教师的课堂组织水平均高于女教师；且民办中小学教师的课堂组织水平高于民办高校教师（图 5-21）。

2. 身份

通过显著性水平检验，不同身份民办高校教师课堂组织存在显著差异（$p=0.010** < 0.05$），不同身份民办中小学教师课堂组织差异不显著（$p=0.927 > 0.05$）。

民办高校兼职教师的课堂组织水平显著高于全职教师（图 5-22）。

---

① 张光陆 . 小班化教育的课堂组织：形式、特征与构建 [J]. 教育发展研究，2013，33（18）：36-39.

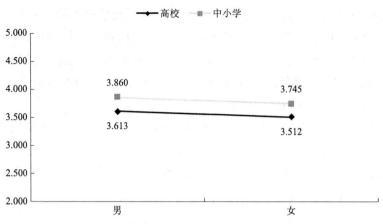

图 5-21 不同性别民办学校教师课堂组织策略差异图

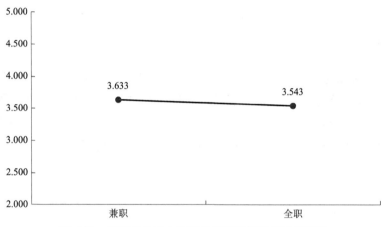

图 5-22 不同身份民办高校教师课堂组织策略差异图

3. 年龄

通过显著性水平检验，不同年龄民办高校教师课堂组织差异不显著（p=0.378＞0.05），不同年龄民办中小学教师课堂组织存在显著差异（p=0.000*** ＜ 0.001）。

60 岁以上的民办中小学教师课堂组织水平显著低于其他年龄段，且差距明显，其他年龄段的教师中，随年龄的增加呈波动状（图 5-23）。

4. 教龄

通过显著性水平检验发现，不同教龄民办高校教师（p=0.143 ＞ 0.05）、中小学教师（p=0.087 ＞ 0.05）课堂组织差异均不显著。

5. 职称

通过显著性水平检验，不同职称民办高校教师（p=0.182 ＞ 0.05）、中小学教师

（p=0.076＞0.05）课堂组织差异均不显著。

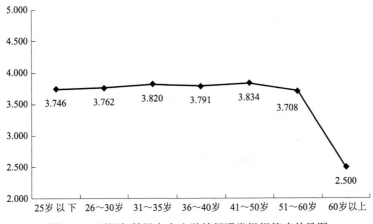

图 5-23 不同年龄民办中小学教师课堂组织策略差异图

6. 职务

通过显著性水平检验，不同职务民办高校教师（p=0.011*＜0.05）、中小学教师（p=0.037*＜0.05）课堂组织差异均显著。

民办高校校领导的课堂组织水平最低（图 5-24），对应的，民办中小学正校长的课堂组织水平最低（图 5-25），表明领导职务对课堂组织有显著影响，其他的职务类型中，教师课堂组织水平差距不大。

7. 受教育程度

通过显著性水平检验，不同受教育程度民办高校教师（p=0.065＞0.05）、中小学教师（p=0.588＞0.05）课堂组织差异均不显著。

8. 任教学科

通过显著性水平检验，不同任教学科民办高校教师课堂组织存在显著差异（p=0.000***＜0.001），不同任教科目民办中小学教师课堂组织差异不显著（p=0.211＞0.05）。

民办高校农学教师课堂组织水平最低，艺术学教师课堂组织水平最高，这也与其他维度相吻合（图 5-26）。

9. 课程门数

通过显著性水平检验，不同授课门数民办高校教师（p=0.719＞0.05）、中小学教师（p=0.231＞0.05）课堂组织差异均不显著。

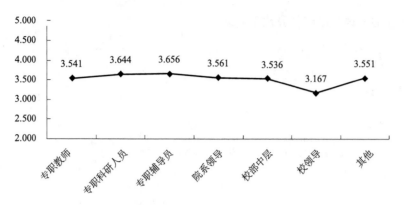

图 5-24 不同职务民办高校教师课堂组织策略差异图

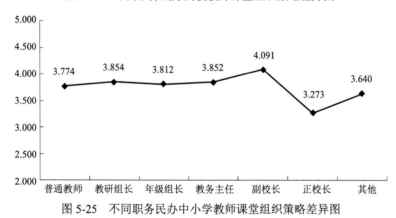

图 5-25 不同职务民办中小学教师课堂组织策略差异图

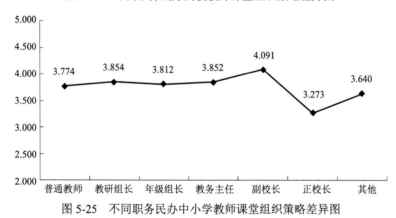

图 5-26 不同任教学科民办高校教师课堂组织策略差异图

10. 上班单程时间

通过显著性水平检验，上班单程时间不同的民办高校教师（$p=0.101 > 0.05$）、中小学教师（$p=0.106 > 0.05$）课堂组织差异均不显著。

11. 年收支水平

通过显著性水平检验，不同年收支水平民办高校教师课堂组织存在显著差异

（$p=0.000*** < 0.001$），不同年收支水平民办中小学教师课堂组织差异不显著（$p=0.251 > 0.05$）。

如不考虑很不足的情况，民办高校教师课堂组织水平与年收支水平呈现显著的相关关系，在不足到略有富余的变化中，课堂组织水平缓慢提高；当从略有富余到很富余时，课堂组织水平显著提升。这表明年收支水平是课堂组织的重要影响因素（图5-27）。

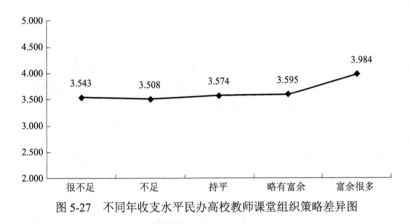

图5-27　不同年收支水平民办高校教师课堂组织策略差异图

12. 工作满意度

通过显著性水平检验，不同工作满意度民办高校教师、中小学教师课堂组织差异均显著（$p=0.000*** < 0.001$）。

对民办高校教师来说，课堂组织与工作满意度呈现显著正相关关系，随满意度的提升，课堂组织水平也升高，并且在从满意到非常满意时，提高幅度最大；相对而言，民办中小学教师的整体课堂组织水平高于民办高校教师，除非常不满意的教师外，随满意度的提升，课堂组织水平也升高，但幅度略低于民办高校教师。以上分析表明，工作满意度是影响民办学校教师课堂组织水平的因素之一（图5-28）。

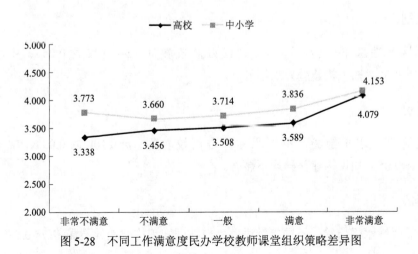

图5-28　不同工作满意度民办学校教师课堂组织策略差异图

（三）结论

1）民办高校男教师课堂组织水平明显高于女教师，民办中小学男教师教学策略水平也明显高于女教师。

2）民办高校兼职教师课堂组织水平明显高于全职教师。

3）60 岁以下民办中小学教师，其课堂组织差异不大，随年龄增大，略微增长，而 60 岁以上的民办中小学教师，课堂组织显著低于其他年龄段。

4）无论是民办高校还是民办中小学，职务对教师的课堂组织均有显著影响。

5）民办高校艺术学科教师课堂组织水平最高，农学学科教师课堂组织水平最低。

6）随着年收支水平富余程度的增加，民办高校教师的课堂组织水平逐步提高，课堂组织水平在年收支水平很富余时显著高于其他收支状态。

7）民办高校和中小学教师的课堂组织与工作满意度呈现一定的正相关关系，随着满意度的提升，课堂组织水平提高，并且当满意度从满意到非常满意时，课堂组织水平有大的跃升。

四、知识构建

（一）基本情况

知识构建是指教师对授课知识的加工和处理策略，目的是有助于学生理解知识。

本研究中，民办学校教师知识构建水平良好，其中，民办高校教师知识构建均值为 3.959，民办中小学教师知识构建均值为 4.040，整体来看，在 4 个维度中居于第 2 位。

（二）差异分析

1. 性别

通过显著性水平检验，不同性别民办高校教师（$p=0.823 > 0.05$）、中小学教师（$p=0.496 > 0.05$）知识构建差异均不显著。

2. 身份

通过显著性水平检验，不同职称民办高校教师（$p=0.108 > 0.05$）、中小学教师（$p=0.156 > 0.05$）知识构建差异均不显著。

3. 年龄

通过显著性水平检验，不同年龄民办高校教师知识构建差异不显著（$p=0.079 > 0.05$），不同年龄民办中小学教师知识构建存在显著差异（p=0.000*** ＜ 0.001）。

60 岁以上民办中小学教师的知识构建水平显著低于其他年龄段。其他年龄段的教师知识构建水平相差不大（图 5-29）。

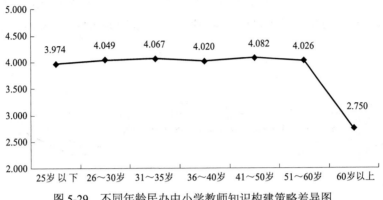

图 5-29　不同年龄民办中小学教师知识构建策略差异图

4. 教龄

通过显著性水平检验，不同教龄民办高校教师（p=0.812 ＞ 0.05）、中小学教师（p=0.187 ＞ 0.05）知识构建差异均不显著。

5. 职称

通过显著性水平检验，不同职称民办高校教师知识构建存在显著差异（p=0.001*** ＜ 0.01），不同职称民办中小学教师知识构建差异不显著（p=0.480 ＞ 0.05）。

民办高校教师中，副高级职称的教师知识构建水平最高，初级职称的教师知识构建水平最低（图 5-30）。

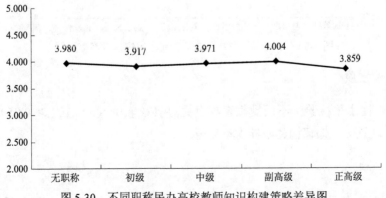

图 5-30　不同职称民办高校教师知识构建策略差异图

6. 职务

通过显著性水平检验，不同职务民办高校、中小学教师知识构建差异均显著（$p=0.001*** < 0.01$）。

民办高校中，校领导职务的教师知识构建水平最低，其他职务教师知识构建水平相差不大（图 5-31）；民办中小学中也有类似情况，正校长职务的教师知识构建水平最低（图5-32）。

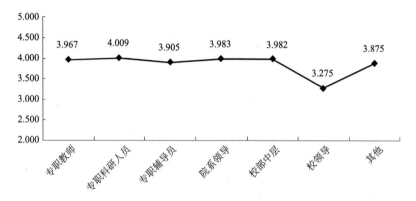

图 5-31　不同职务民办高校教师知识构建策略差异图

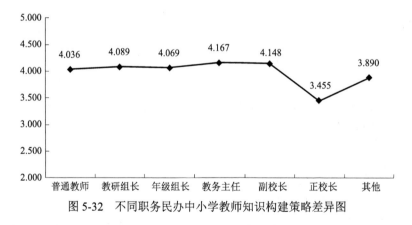

图 5-32　不同职务民办中小学教师知识构建策略差异图

7. 受教育程度

通过显著性水平检验，不同受教育程度民办高校教师（$p=0.104 > 0.05$）、中小学教师（$p=0.757 > 0.05$）知识构建差异均不显著。

8. 任教学科

通过显著性水平检验，不同任教学科民办高校教师知识构建存在显著差异（$p=0.006** < 0.01$），不同任教科目民办中小学教师知识构建差异不显著（$p=0.106 > 0.05$）。

民办高校农学教师知识构建水平最低，艺术学教师知识构建水平最高（图 5-33）。

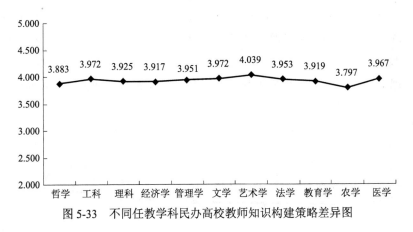

图 5-33　不同任教学科民办高校教师知识构建策略差异图

9. 课程门数

通过显著性水平检验，不同授课门数民办高校教师（$p=0.041^* < 0.05$）、中小学教师（$p=0.045^* < 0.05$）知识构建差异均显著。

知识构建水平与授课门数呈现倒 U 型关系，但授课门数为 0 或 5 门及以上时，不论是民办高校还是中小学，教师的知识构建水平均较低，当授课门数为 1 ～ 4 门时，民办高校教师知识构建缓慢上升，民办中小学教师则呈波动状，这表明授课门数显著影响教师的知识构建，当门数居中时教师知识构建处于最佳状况（图 5-34）。

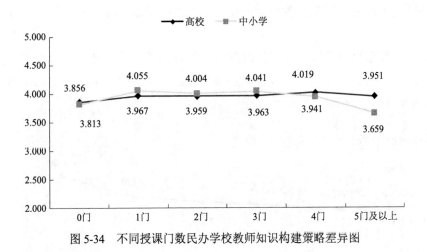

图 5-34　不同授课门数民办学校教师知识构建策略差异图

10. 上班单程时间

通过显著性水平检验，上班单程时间不同的民办高校教师（$p=0.322 > 0.05$）、中小学教师（$p=0.358 > 0.05$）知识构建差异均不显著。

11. 年收支水平

通过显著性水平检验，不同年收支水平民办高校教师知识构建存在显著差异（$p=$ 0.049* ＜ 0.05），不同年收支水平民办中小学教师知识构建差异不显著（$p=0.770$ ＞ 0.05）。

民办高校教师知识构建与年收支水平成正相关关系，随年收入相对支出的增多，知识构建水平越来越高，且增幅越来越明显，这表明年收支水平是影响民办高校教师知识构建的重要因素（图 5-35）。

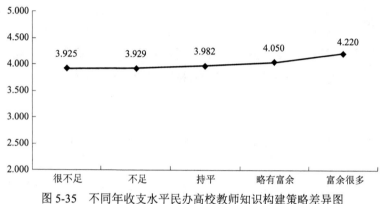

图 5-35　不同年收支水平民办高校教师知识构建策略差异图

12. 工作满意度

通过显著性水平检验，不同工作满意度民办高校教师知识构建存在显著差异（$p=0.000$*** ＜ 0.001），不同工作满意度民办中小学教师知识构建差异不显著（$p=0.054$ ＞ 0.05）。

民办高校教师的知识构建与工作满意度呈现正相关关系，随工作满意度的提升，民办高校教师的知识构建呈增加趋势，且幅度越来越大，表明工作满意度是影响教师知识构建的重要因素（图 5-36）。

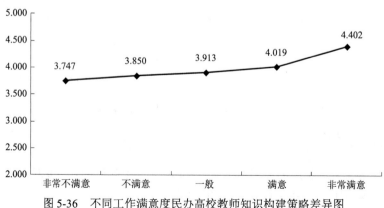

图 5-36　不同工作满意度民办高校教师知识构建策略差异图

（三）结论

1）60岁以下的民办中小学教师，知识构建水平相差不大，60岁及以上的中小学教师，知识构建水平显著降低。

2）对于民办高校教师，正高级职称的知识构建水平最低，副高级职称的教师知识构建水平最高。

3）民办高校艺术学科教师知识构建水平最高，农学学科教师知识构建水平最低。

4）无论是民办高校还是中小学，授课门数与知识构建的关系都呈现倒U形特征，且民办中小学教师更为典型。当授课门数为0或5门及以上时，民办高校和中小学教师知识水平均居于相应的最低值和次低值，当授课门数在1～4门时，民办高校教师知识构建水平呈现缓慢上升，民办中小学呈现波动状态，但均值均高于0门和5门及以上的状态。

5）随着年收支水平富余程度的提高民办高校教师知识构建水平逐步提升，其中年收支富余很多的民办高校教师知识构建水平最高，年收支水平很不足的教师知识构建水平最低。

6）民办高校教师的知识构建与工作满意度存在一定的相关关系，随着工作满意度的增强，相应的知识构建水平也有大的提升。

第六章 工作能力

内容提要

本章通过调查全国东、中、西部民办高校、民办中小学教师的工作能力情况，运用数据和图形展示了民办高校及中小学教师的教学能力、科研能力、管理能力和一般能力的发展情况。

工作能力（work ability）[1]是劳动者在工作过程中解决和应付劳动任务的一种总体表现，是指对一个人担任一个职位的一组标准化的要求。劳动任务对劳动者的需求是多方面的，包括体力需求、脑力需求和社会需求；而劳动者在工作中体现的能力包括必备的知识、专业技能、一般能力等，它直接影响着一个人做事的质量和效率。最为广泛应用的工作能力评价要数 20 世纪 80 年代芬兰职业卫生研究所提出的工作能力指数法（work ability index）[2]。

教师工作能力是指教师顺利完成教学任务必备的综合能力。对教师工作能力研究比较有影响力的学者有林崇德[3]、申继亮、辛涛[4]等。教师工作能力分为教学能力、科研能力、管理能力、一般能力 4 个测量维度。民办学校样本中教师教学能力最高，中小学教师为 4.000，高校教师为 3.922；教师科研能力最低，中小学教师为 3.574，高校教师为 3.356。总体上，民办高校教师工作能力得分普遍低于中小学教师（图 6-1）。

---

① Tuomi K , Ilmarinen J , Eskelinen L , et al . Prevalence and incidence rates of diseases and work ability in different categories of municipal work occupations [J]. Scand J Work Environ Health , 1991, 17（Suppl 1）: 67-74 .

② Ilmarinen J, Tuomi K . Work Ability Index for Aging Workers. Aging and work [M] .Haikko，1992：142-147.

③ 卜云成，林崇德 . 21 世纪教师能力的核心是监控能力 [EB/OL]. (2008-5-22) [2015-9-9]. http://www.zjnu.edu.cn/old-news/com－mon/article_show.aspx?article_id=10823.

④ 申继亮，辛涛 . 论教师教学的监控能力 [J]. 北京师范大学学报（社会科学版），1995，(1)：67-75.

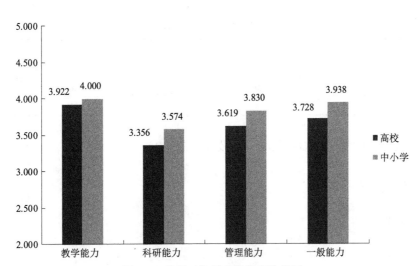

图 6-1 教师工作能力各维度均值图

一、教学能力

（一）基本情况

Wang[1]认为教学能力指的是教师能够诊断和课程主题相关的学习前提条件，并根据持续的诊断对学习过程进行指导；能够联系学习目标进行课程决策；能够制订学习安排，根据对学习前提条件、个性学习过程、学习目标的分析，调动学生积极参与学习；能为教学和学习的顺利开展进行有效的课堂管理。杨文华认为教学能力"是教师顺利完成教学活动所需的个体心理特征，是通过实践将个人智力和教学所需知识、技能转化而形成的一种职业素质"[2]。具备一定的教学能力是教师顺利地完成教学工作所必需的，教学能力的高低还直接关系到教学效率的高低、教学效果的优劣。

民办学校教师教学能力得分较高，均值 3.961；在教师工作能力各维度中均值最高。

（二）差异分析

1. 性别

通过显著性水平检验，不同性别民办高校教师教学能力存在显著差异（$p < 0.001$），不同性别民办中小学教师教学能力差异不显著（$p > 0.05$）（表 6-1）。

---

① Wang M C. Adaptive instruction: Building on diversity[J]. Theory into Practice, 1980, 19（2）: 122-128.
② 杨文华. 论师范生的教学能力培养 [J]. 贵州教育学院学报：社会科学版, 1996（2）: 19.

表 6-1　民办学校教师教学能力性别差异检验

影响因素		高校		中小学	
		平均值	p	平均值	p
性别	男	4.000	0.000***	4.018	0.300
	女	3.884		3.991	

民办高校男教师教学能力明显高于女教师（图 6-2）。

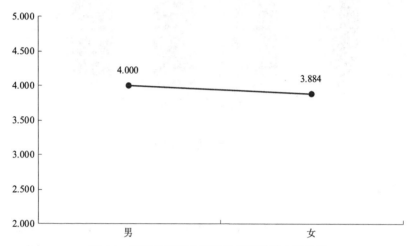

图 6-2　不同性别民办高校教师教学能力差异图

2. 身份

通过显著性水平检验，不同身份民办高校教师教学能力差异显著（p=0.000*** < 0.001），不同身份民办中小学教师教学能力显著不差异（p=0.069 > 0.05）。

在不同身份分组比较中，全职教师教学能力明显高于兼职教师（图 6-3）。

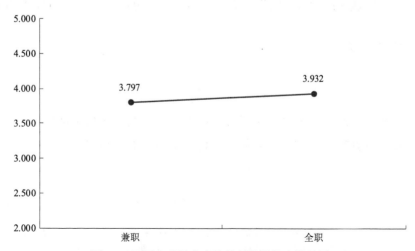

图 6-3　不同身份民办高校教师教学能力差异图

3. 年龄

通过显著性水平检验，不同年龄民办高校教师、中小学教师教学能力存在显著差异（p=0.000*** ＜ 0.01）。

在不同年龄分组比较中，50 岁以下教师，无论是民办高校教师还是中小学教师教学能力总体趋势都是随着年龄的增长而上升；50 岁以上教师在教学能力这一维度上都出现了下降现象，其中中小学教师得分下降明显；高校教师 51 ～ 60 岁下降，60 岁之后又开始上升；其中 41 ～ 50 岁的民办学校教师教学能力均值最高，60 岁以上民办中小学教师均值最低，25 岁以下民办高校教师最低（图 6-4）。

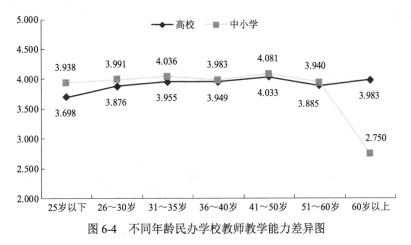

图 6-4　不同年龄民办学校教师教学能力差异图

4. 教龄

通过显著性水平检验，不同教龄民办高校教师教学能力差异显著（p=0.000*** ＜ 0.001），不同教龄民办中小学教师教学能力差异不显著（p=0.091 ＞ 0.05）。

在不同教龄分组比较中，随着民办高校教师教龄的增长出现了教学能力先上升后下降的趋势，其中 21 ～ 30 年教龄的民办高校教师教学能力最强，1 ～ 5 年教龄的高校教师教学能力最弱（图 6-5）。

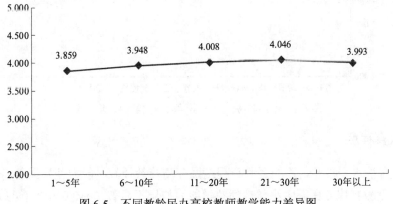

图 6-5　不同教龄民办高校教师教学能力差异图

5. 职称

通过显著性水平检验，不同职称民办高校教师（$p=0.163 > 0.05$）、中小学教师（$p=0.654 > 0.05$）教学能力差异均不显著。

6. 职务

通过显著性水平检验，不同职务民办高校教师教学能力存在显著差异（$p=0.000*** < 0.001$），不同职务民办中小学教师教学能力存在显著差异（$p=0.005** < 0.01$）。

在民办高校承担院系领导和专职科研人员的教师教学能力较强，担任校领导的教师教学能力最弱（图6-6）。

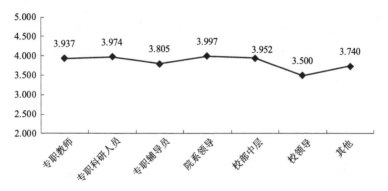

图6-6 不同职务民办高校教师教学能力差异图

在民办中小学，担任副校长的教师教学能力最强，担任正校长的教师教学能力最弱（图6-7）。

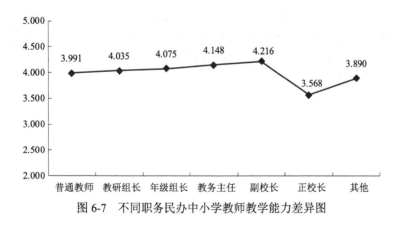

图6-7 不同职务民办中小学教师教学能力差异图

7. 受教育程度

通过显著性水平检验，不同受教育程度民办高校教师教学能力差异显著（$p=0.017* < 0.05$），不同受教育程度民办中小学教师教学能力差异不显著（$p=0.939 > 0.05$）。

在不同受教育程度分组比较中，最高学历为硕士研究生的民办高校教师教学能力均值最高，专科及以下民办高校教师教学能力均值最低（图6-8）。

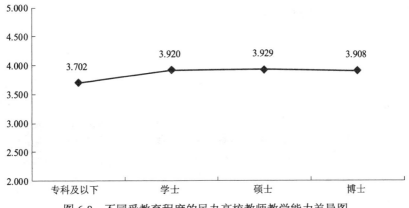

图 6-8 不同受教育程度的民办高校教师教学能力差异图

8. 任教学科

通过显著性水平检验，不同任教学科民办高校教师教学能力存在显著差异（$p=0.000*** < 0.001$），不同任学科目民办中小学教师教学能力差异不显著（$p=0.281 > 0.05$）。

在不同任教学科分组比较中，民办高校艺术学教师教学能力均值最高，农学教师教学能力均值最低（图6-9）。

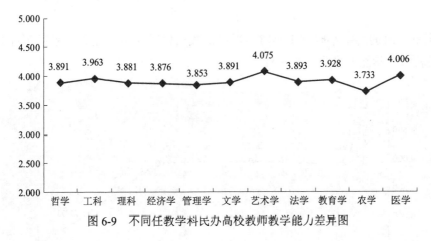

图 6-9 不同任教学科民办高校教师教学能力差异图

9. 课程门数

通过显著性水平检验，不同授课门数民办高校教师教学能力存在显著差异（$p=0.000*** < 0.001$），不同授课门数民办中小学教师教学能力存在显著差异（$p=0.002** < 0.01$）。

在不同授课门数分组比较中，民办高校教师教学能力均值最高的为授 4 门课的教师，最低的为不承担授课任务的教师；民办中小学教师教学能力均值最高的为授 3 门课的教师，最低的为授 5 门课及以上的教师；无论高校还是中小学，承担课程超过一定数量都会降低教师教学能力的得分（图 6-10）。

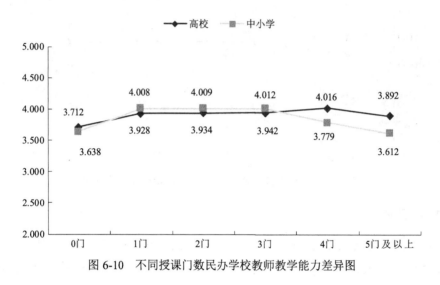

图 6-10　不同授课门数民办学校教师教学能力差异图

10. 上班单程时间

通过显著性水平检验，上班时间不同的民办高校教师教学能力存在显著差异（$p=0.000*** < 0.001$），上班时间不同的民办中小学教师教学能力差异不显著（$p=0.119 > 0.05$）。

上班单程时间为半小时到 1 小时的民办高校教师教学能力最强；单程超过 2 小时的民办高校教师教学能力最弱（图 6-11）。

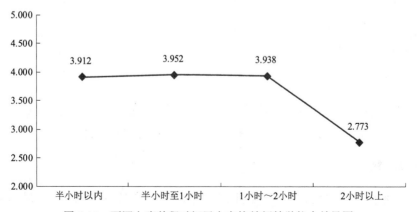

图 6-11　不同上班单程时间民办高校教师教学能力差异图

11. 年收支水平

通过显著性水平检验，不同年收支水平民办高校教师教学能力存在显著差异（$p=0.003** < 0.01$），不同年收支水平民办中小学教师教学能力差异不显著（$p=0.584 > 0.05$）。

在不同年收支水平分组比较中，民办高校教师总体趋势是随着年收支水平富余程度的提高教学能力逐步上升，其中年收支富余很多的民办高校教师教学能力均值最高，年收支水平不足的教师均值最低（图6-12）。

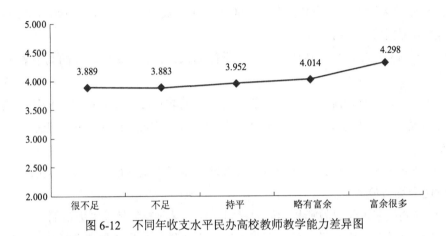

图 6-12 不同年收支水平民办高校教师教学能力差异图

12. 工作满意度

通过显著性水平检验，不同工作满意度水平民办高校、中小学教师教学能力均存在显著差异（$p=0.000*** < 0.001$）。

在不同工作满意度分组比较中，无论是民办高校教师还是中小学教师总体趋势都是随着满意度的提高教学能力增强，其中，"非常满意"的民办学校教师教学能力均值最高，"非常不满意"的民办学校教师教学能力均值最低（图6-13）。

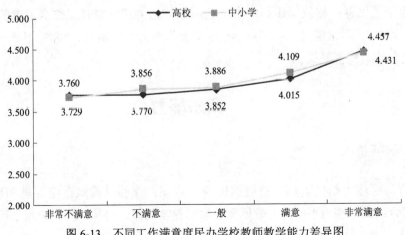

图 6-13 不同工作满意度民办学校教师教学能力差异图

（三）结论

1）民办高校男教师教学能力明显高于女教师。

2）民办高校全职教师教学能力明显高于兼职教师。

3）50岁及以下教师，无论是民办高校教师还是中小学教师教学能力总体趋势都是随着年龄的增长而上升，50岁以上教师教学能力出现了下降现象，其中中小学教师能力下降明显。高校教师教学能力在51～60岁下降，60岁之后又开始上升。中年（41～50岁）民办学校教师教学能力均值最高，老年（60岁以上）民办中小学教师和青年（25岁以下）民办高校教师教学能力最弱。

4）21～30年教龄的民办高校教师教学能力最强，1～5年教龄的高校教师教学能力最弱。

5）在民办高校承担院系领导和专职科研人员的教师教学能力最强，担任校领导的教师教学能力最弱；在民办中小学，担任副校长的教师教学能力最强，担任正校长的教师教学能力最弱。

6）最高学历为硕士研究生的民办高校教师教学能力均值最高，专科及以下民办高校教师教学能力均值最低。

7）民办高校艺术学科教师教学能力最强，农学学科教师教学能力最弱。

8）无论高校还是中小学，承担课程超过一定数量都会降低教师教学能力的得分。民办高校教师教学能力均值最高的为授4门课的教师，最低的为不承担授课任务的教师；民办中小学教师教学能力均值最高的为授课3门的教师，最低的为授课5门及以上的教师。

9）上班单程时间为半小时到1小时的民办高校教师教学能力最强；单程超过2小时的民办高校教师教学能力最弱。

10）民办高校教师总体趋势是随着年收支水平富余程度的提高教学能力逐步上升。其中年收支水平很富余的民办高校教师教学能力均值最高，年收支水平不足的教师均值最低。

11）无论是民办高校教师还是中小学教师总体趋势都是随着工作满意度的提高教学能力增强。其中，"非常满意"的民办学校教师教学能力均值最高，"非常不满意"的民办学校教师教学能力均值最低。

二、科研能力

（一）基本情况

教师的科研能力是指教师具有较强的科研意识，能够准确地选定课题和研究对象，熟练地运用合适的方法与手段，有效地探索教育教学规律，科学、规范地表达研究成果的能力。[①] 总的来说科研能力是教师以教育现象为对象，运用科学的方法，以探索教育活动规律为目的、创造性地解决问题的能力。

民办学校教师科研能力总体得分较低，均值为 3.394，在教师工作能力各维度中得分均值最低。

（二）差异分析

1. 性别

通过显著性水平检验，不同性别民办高校、中小学教师科研能力均存在显著差异（p=0.000*** < 0.001）。

无论是民办高校教师还是民办中小学教师，在不同性别的比较中，男教师科研能力均明显高于女教师（图 6-14）。

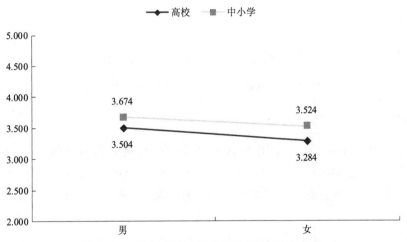

图 6-14　不同性别民办学校教师科研能力差异图

2. 身份

通过显著性水平检验，不同身份民办高校教师（p=0.053 > 0.05）、中小学教师（p=0.869 > 0.05）科研能力差异均不显著。

3. 年龄

通过显著性水平检验，不同年龄民办高校教师（p=0.093 > 0.05）、中小学教师（p=0.055 > 0.05）科研能力差异均不显著。

[①] 高扩昌，任桂婷. 普通高校青年教师科研能力的现状与对策 [J]. 内蒙古师范大学学报（教育科学版），2009，22（1）：153-156.

4. 教龄

通过显著性水平检验，不同教龄民办高校教师科研能力差异显著（$p=0.000^{***}<0.001$），不同教龄民办中小学教师科研能力差异不显著（$p=0.060>0.05$）。

在不同教龄分组比较中，随着民办高校教师教龄的增长科研能力呈现逐渐增强的趋势，其中 30 年以上教龄的民办中小学教师科研能力最强，1 ～ 5 年教龄和 11 ～ 20 年教龄的高校教师科研能力较弱（图 6-15）。

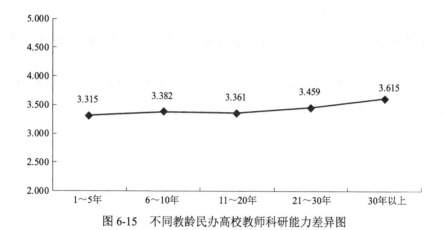

图 6-15 不同教龄民办高校教师科研能力差异图

5. 职称

通过显著性水平检验，不同职称民办高校教师科研能力差异显著（$p=0.000^{***}<0.001$），不同职称民办中小学教师科研能力差异显著（$p=0.015^{*}<0.05$）。

民办高校正高级职称教师科研能力最强，无职称教师科研能力最弱（图 6-16）。

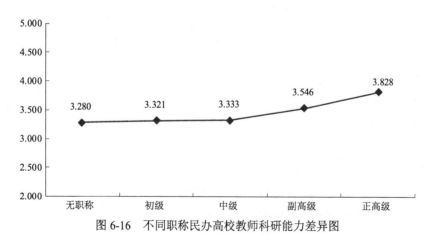

图 6-16 不同职称民办高校教师科研能力差异图

在民办中小学，中学高级教师和小学一级教师科研能力较强，小学二级教师科研能力最弱（图 6-17）。

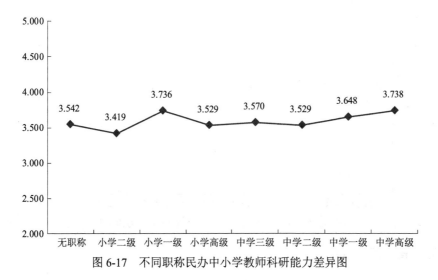

图 6-17 不同职称民办中小学教师科研能力差异图

6. 职务

通过显著性水平检验，不同职务民办高校教师科研能力存在显著差异（$p=0.000*** <$ 0.001），不同职务民办中小学教师科研能力存在显著差异（$p=0.015* < 0.05$）。

在民办高校专职科研人员科研能力最强，其他职务和专职教师的科研能力较弱（图 6-18）。

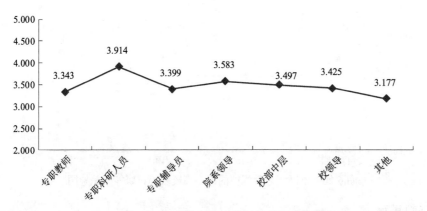

图 6-18 不同职务民办高校教师科研能力差异图

在民办中小学，担任副校长的教师科研能力最强，担任正校长的教师科研能力最弱（图 6-19）。

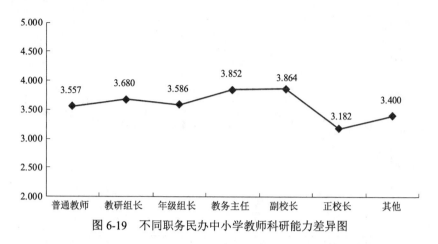

图 6-19　不同职务民办中小学教师科研能力差异图

7. 受教育程度

通过显著性水平检验，不同受教育程度民办高校教师科研能力差异显著（p=0.000*** < 0.001），不同受教育程度民办中小学教师科研能力差异不显著（p=0.251 > 0.05）。

最高学历为博士研究生的民办高校教师科研能力最强，学士学历教师科研能力最弱（图 6-20）。

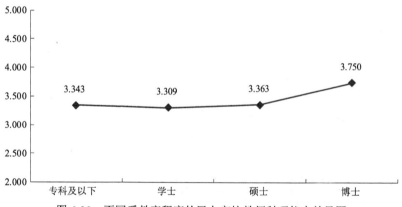

图 6-20　不同受教育程度的民办高校教师科研能力差异图

8. 任教学科

通过显著性水平检验，不同任教学科民办高校教师科研能力存在显著差异（p=0.000*** < 0.001），不同任教科目民办中小学教师科研能力差异不显著（p=0.101 > 0.05）。

在不同任教学科分组比较中，民办高校艺术学教师科研能力均值最高，农学教师科研能力均值最低（图 6-21）。

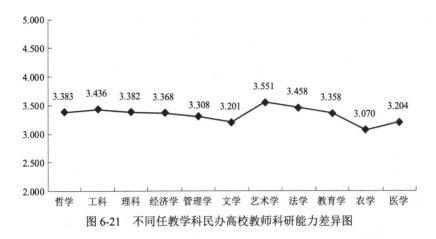

图 6-21 不同任教学科民办高校教师科研能力差异图

9. 课程门数

通过显著性水平检验，不同授课门数民办高校教师科研能力显著不差异（$p=0.695 >$ 0.05），不同授课门数民办中小学教师科研能力存在显著差异（$p=0.013* < 0.05$）。

在不同授课门数分组比较中，民办中小学教师科研能力均值最高的为授 3 门课的教师，最低的为授 4 门课的教师；在教师承担课程超过一定数量（3 门）时，科研能力显著下降（图 6-22）。

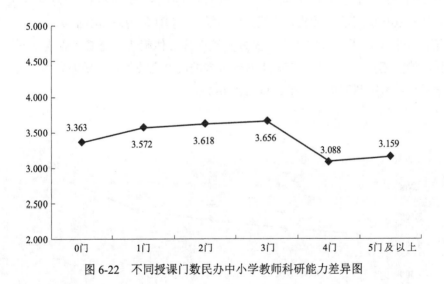

图 6-22 不同授课门数民办中小学教师科研能力差异图

10. 上班单程时间

通过显著性水平检验，上班时间不同的民办高校教师科研能力存在显著差异（$p=0.001*** < 0.001$），上班时间不同的民办中小学教师科研能力差异显著（$p= 0.012* < 0.05$）。

上班单程时间为半小时至 1 小时的民办中小学教师科研能力最强，上班单程时间为半小时以内的中小学教师科研能力最弱；上班单程时间为半小时至 1 小时的民办高校教师科研能力最强，单程超过 2 小时的民办高校教师科研能力最弱（图 6-23）。

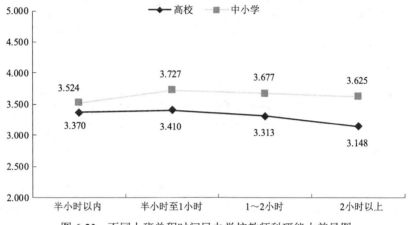

图 6-23　不同上班单程时间民办学校教师科研能力差异图

11. 年收支水平

通过显著性水平检验，不同年收支水平民办高校教师科研能力存在显著差异（$p=0.001*** < 0.01$），不同年收支水平民办中小学教师科研能力差异不显著（$p=0.613 > 0.05$）。

在不同年收支水平分组比较中，民办高校教师总体趋势是随着年收支水平富余程度的提高科研能力逐步上升，其中年收支富余很多的民办高校教师科研能力均值最高，年收支水平很不足的教师科研能力均值最低（图 6-24）。

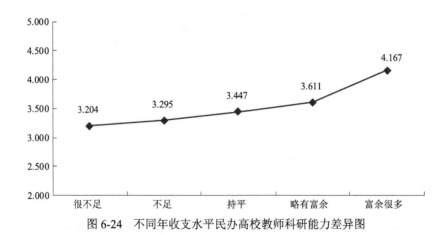

图 6-24　不同年收支水平民办高校教师科研能力差异图

12. 工作满意度

通过显著性水平检验，不同工作满意度水平民办高校、中小学教师科研能力存在显著差异（$p=0.000*** < 0.001$）。

在不同工作满意度分组比较中，无论是民办高校教师还是中小学教师总体趋势都是随着满意度的提高科研能力有所增强，其中，"非常满意"的民办学校教师科研能力均值最高，"非常不满意"的民办高校教师和"不满意"的民办中小学教师科研能力均值最低（图6-25）。

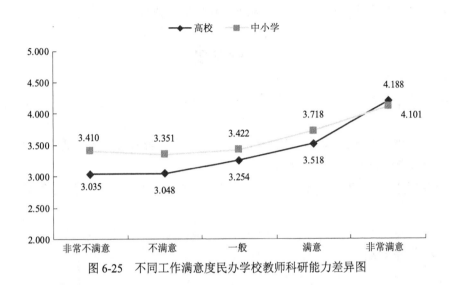

图 6-25　不同工作满意度民办学校教师科研能力差异图

（三）结论

1）民办高校男教师科研能力明显高于女教师。

2）随着民办高校教师教龄的增长科研能力呈现逐渐增强的趋势，其中30年以上教龄的民办中小学教师科研能力最强，1～5年教龄和11～20年教龄的高校教师科研能力较弱。

3）在民办高校专职科研人员科研能力最强，其他职务和专职教师的科研能力较弱；在民办中小学，担任副校长的教师科研能力最强，担任正校长的教师科研能力最弱。

4）最高学历为博上研究生的民办高校教师科研能力最强，学士学历教师科研能力最弱；

5）在不同任教学科的比较中，民办高校艺术学教师科研能力均值最高，农学教师科研能力均值最低。

6）民办中小学教师科研能力均值最高的为授3门课的教师，最低的为授4门课的教师；在教师承担课程超过一定数量（3门）时，科研能力显著下降。

7）上班单程时间为半小时至1小时的民办中小学教师科研能力最强，上班单程时间为半小时以内的中小学教师科研能力最弱；上班单程时间为半小时至1小时的民办高校教师科研能力最强，单程超过2小时的民办高校教师科研能力最弱。

8）民办高校教师总体趋势是随着年收支水平富余程度的增强科研能力逐步上升。其中年收支水平很富余的民办高校教师科研能力均值最高，年收支水平很不足的教师科研能力均值最低。

9）无论是民办高校教师还是中小学教师总体趋势都是随着工作满意度的提高科研能力有所增强。其中，"非常满意"的民办学校教师科研能力均值最高，"非常不满意"的民办高校教师和"不满意"的民办中小学教师科研能力均值最低。

三、管理能力

（一）基本情况

教师的管理能力是指教师在教育管理过程中，为实现教育目标，通晓行业、专业发展情况，管理和培养学生的一种能力。[①]

民办学校教师管理能力得分较高，均值为 3.654，在教师工作能力各维度中均值居中。

（二）差异分析

1. 性别

通过显著性水平检验，不同性别民办高校教师管理能力存在显著差异（$p=0.000*** < 0.001$），不同性别民办中小学教师管理能力差异显著（$p=0.005** < 0.01$）。

在不同性别分组比较中，民办学校男教师的管理能力高于女教师（图 6-26）。

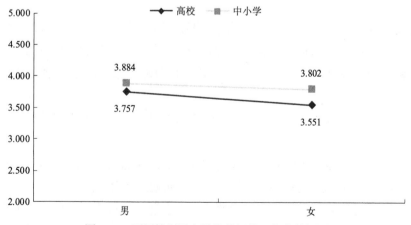

图 6-26　不同性别民办学校教师管理能力差异图

---

① 罗树华，李洪珍. 教师能力学 [M]. 济南：山东教育出版社，2000：38-60.

2. 身份

通过显著性水平检验，不同身份民办高校教师（$p=0.186 > 0.05$）、中小学教师管理能力（$p=0.58 > 0.05$）均不存在显著差异。

3. 年龄

通过显著性水平检验，不同年龄民办高校教师管理能力不存在显著差异（$p=0.364 > 0.05$），不同年龄民办中小学教师管理能力存在显著差异（$p=0.000{*}{*}{*} < 0.001$）。

在不同年龄分组比较中，50岁及以下民办中小学教师管理能力是随着年龄的增长而提高；50岁以上教师出现了管理能力下降现象，其中41～50岁的民办中小学教师管理能力均值最高，60岁以上民办中小学教师均值最低（图6-27）。

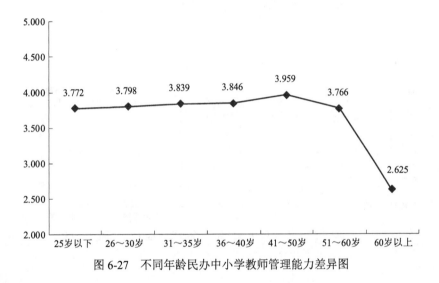

图6-27 不同年龄民办中小学教师管理能力差异图

4. 教龄

通过显著性水平检验，不同教龄民办高校教师管理能力差异不显著（$p=0.108 > 0.05$），不同教龄民办中小学教师管理能力存在显著差异（$p=0.014{*} < 0.05$）。

在不同教龄分组中，随着民办中小学教师教龄的增长出现了管理能力上下浮动的趋势，其中21～30年教龄的民办中小学教师管理能力最强，30年以上教龄的中小学教师管理能力最弱（图6-28）。

5. 职称

通过显著性水平检验，不同职称民办高校教师管理能力存在显著差异（$p=0.000{*}{*}{*} < 0.001$），不同职称民办中小学教师管理能力差异不显著（$p=0.155 > 0.05$）。

随着职称的提升，民办高校教师的管理能力增强；正高级职称的民办高校教师管理能力最强，无职称民办高校教师管理能力最弱（图 6-29）。

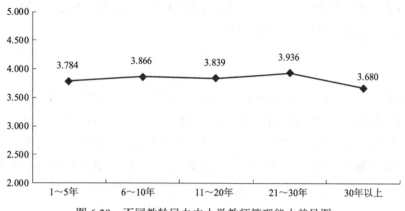

图 6-28　不同教龄民办中小学教师管理能力差异图

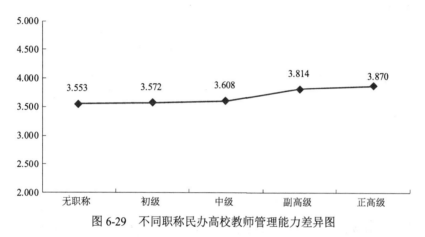

图 6-29　不同职称民办高校教师管理能力差异图

6. 职务

通过显著性水平检验，不同职务民办高校教师管理能力存在显著差异（$p=0.000*** < 0.001$），不同职务民办中小学教师管理能力存在显著差异（$p=0.046* < 0.05$）。

在民办高校承担院系领导的教师管理能力最强，担任校领导的教师管理能力最弱（图 6-30）。

在民办中小学担任副校长的教师管理能力最强，担任正校长的教师管理能力最弱（图 6-31）。

7. 受教育程度

通过显著性水平检验，不同受教育程度民办高校教师（$p=0.057 > 0.05$）、中小学教师（$p=0.730 > 0.05$）管理能力差异不显著。

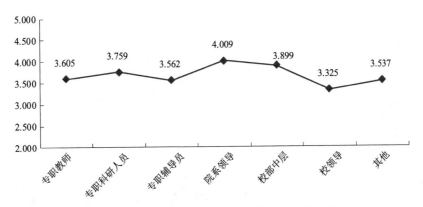

图 6-30　不同职务民办高校教师管理能力差异图

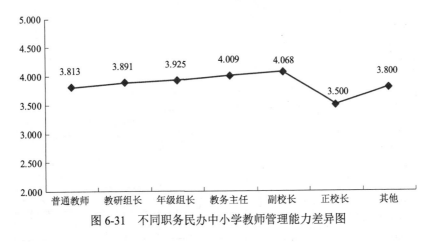

图 6-31　不同职务民办中小学教师管理能力差异图

8. 任教学科

通过显著性水平检验，不同任教学科民办高校教师管理能力存在显著差异（$p=0.000*** < 0.001$），不同任教科目民办中小学教师管理能力差异不显著（$p=0.075 > 0.05$）。

在不同任教学科分组比较中，民办高校艺术学教师管理能力均值最高，农学教师管理能力均值最低（图 6-32）。

9. 课程门数

通过显著性水平检验，不同授课门数民办高校教师管理能力不存在显著差异（$p=0.669 > 0.05$），不同授课门数民办中小学教师管理能力存在显著差异（$p=0.012* < 0.05$）。

在不同授课门数分组比较中，民办中小学教师管理能力均值最高的为授 1 门课的教师，最低的为授课门数为 5 门及以上的教师；不授课或者授课门数超过 3 门都将影响中小学教师的管理能力（图 6-33）。

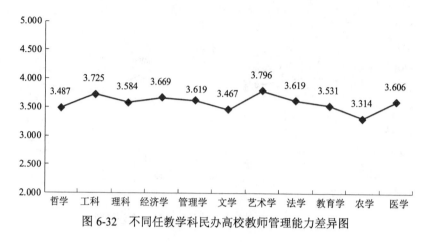

图 6-32　不同任教学科民办高校教师管理能力差异图

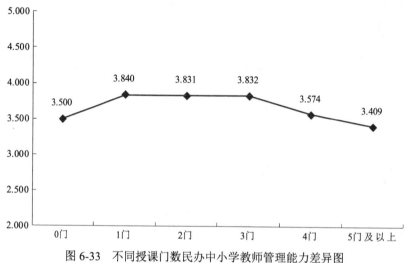

图 6-33　不同授课门数民办中小学教师管理能力差异图

10. 上班单程时间

通过显著性水平检验，上班时间不同的民办高校教师管理能力存在显著差异（$p=0.000***<0.001$），上班时间不同的民办中小学教师管理能力差异不显著（$p=0.162>0.05$）。

上班单程时间为半小时至 1 小时的民办高校教师管理能力最强；单程超过 2 小时的民办高校教师管理能力最弱（图 6-34）。

11. 年收支水平

通过显著性水平检验，不同年收支水平民办高校教师（$p=0.063>0.05$）、中小学教师（$p=0.837>0.05$）管理能力均不存在显著差异。

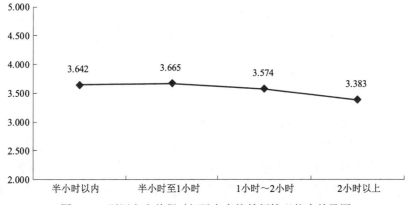

图 6-34　不同上班单程时间民办高校教师管理能力差异图

12. 工作满意度

通过显著性水平检验，不同工作满意度水平民办高校、中小学教师管理能力均存在显著差异（$p=0.000*** < 0.001$）。

在不同工作满意度的分组比较中，无论是民办高校教师还是中小学教师总体趋势都是随着满意度的提高管理能力有所增强，其中，"非常满意"的民办学校教师管理能力均值最高，"非常不满意"的民办学校教师管理能力均值最低（图 6-35）。

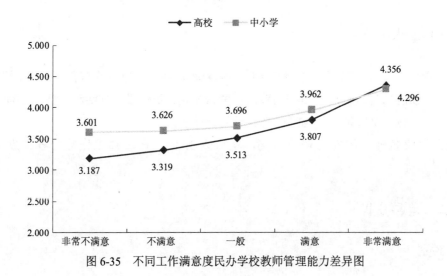

图 6-35　不同工作满意度民办学校教师管理能力差异图

（三）结论

1）民办高校男教师管理能力明显高于女教师。

2）50 岁及以下教师，无论是民办高校教师还是中小学教师的管理能力总体趋势都是随着年龄的增长而增强。50 岁以上教师出现了管理能力下降现象，其中中年（41 ～ 50 岁）

民办中小学教师管理能力均值最高，老年（60 岁以上）民办中小学教师均值最低。

3）21 ～ 30 年教龄的民办中小学教师管理能力最强，30 年以上教龄的中小学教师管理能力最弱。

4）随着职称的提升，民办高校教师的管理能力增强。正高级职称的民办高校教师管理能力最强，无职称民办高校教师管理能力最弱。

5）在民办高校承担院系领导的教师管理能力最强，担任校领导的教师管理能力最弱；在民办中小学担任副校长的教师管理能力最强，担任正校长的教师管理能力最弱。

6）民办高校艺术学教师管理能力均值最高，农学教师管理能力均值最低。

7）民办中小学教师管理能力均值最高的为授 1 门课的教师，最低的为授课门数为 5 门及以上的教师；不授课或者授课门数超过 3 门都将影响中小学教师的管理能力。

8）上班单程时间为半小时至 1 小时的民办高校教师管理能力最强；单程超过 2 小时的民办高校教师管理能力最弱。

9）无论是民办高校教师还是中小学教师总体趋势都是随着满意度的提高管理能力有所增强。其中，"非常满意"的民办学校教师管理能力均值最高，"非常不满意"的民办教师管理能力均值最低。

四、一般能力

（一）基本情况

一般能力"是在实践活动中直接影响活动效率，使活动顺利完成的心理特征"[1]。由此可见，一般能力与人们所从事的实践活动紧密相连，是完成各种活动任务的心理可能性或必要条件，包括交际能力、沟通能力、时间管理能力等。

民办学校教师一般能力得分较高，均值为 3.755，在教师工作能力各维度中均值居中。

（二）差异分析

1. 性别

通过显著性水平检验，不同性别民办高校教师一般能力存在显著差异（$p=0.000*** < 0.001$），不同性别民办中小学教师一般能力差异显著（$p=0.026* < 0.05$）。

在不同性别分组比较中，民办高校男教师一般能力明显高于女教师（图 6-36）。

---

[1] 普通心理学编写组. 普通心理学 [M]. 济南：山东教育出版社，1987：305-308.

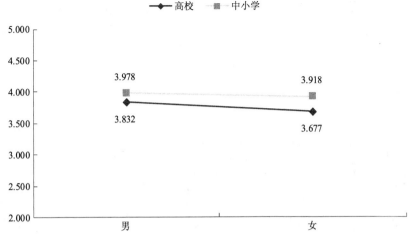

图 6-36　不同性别民办学校教师一般能力差异图

2. 身份

通过显著性水平检验，不同身份民办高校教师一般能力差异显著（p=0.007** ＜ 0.01），不同身份民办中小学教师一般能力不存在显著差异（p=0.644 ＞ 0.05）。

在不同身份分组比较中，兼职教师一般能力明显高于全职教师（图 6-37）。

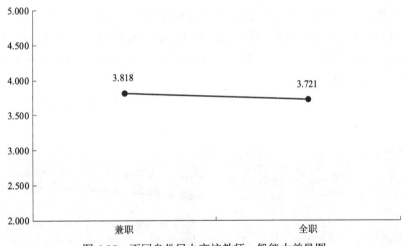

图 6-37　不同身份民办高校教师一般能力差异图

3. 年龄

通过显著性水平检验，不同年龄民办高校教师一般能力均存在显著差异（p=0.001*** ＜ 0.01），不同年龄民办中小学教师一般能力存在显著差异（p=0.000*** ＜ 0.001）。

在不同年龄分组比较中，50 岁及以下民办中小学教师总体趋势随着年龄的增长一般能力有所增强，50 岁以上教师一般能力出现了下降现象，60 岁以上教师一般能力大幅度下降，均值最低；民办高校教师一般能力则随着年龄增长而持续增强，其中 60 岁以上民办高校教师一般能力最强，36～40 岁的民办高校教师一般能力均值最低（图 6-38）。

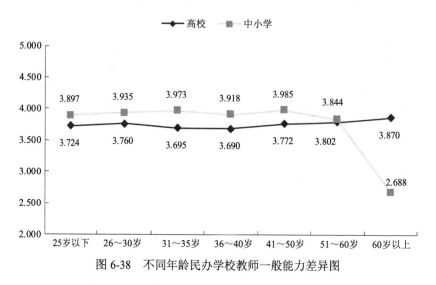

图 6-38　不同年龄民办学校教师一般能力差异图

4. 教龄

通过显著性水平检验，不同教龄民办高校教师一般能力差异显著（p=0.000*** < 0.001），不同教龄民办中小学教师一般能力不存在显著差异（p=0.126 > 0.05）。

由图 6-39 可见，在不同教龄分组比较中，随着民办高校教师教龄的增长出现了一般能力先下降后上升的趋势，其中 30 年以上教龄的民办高校教师一般能力最强，6～10 年教龄的教师一般能力最弱。

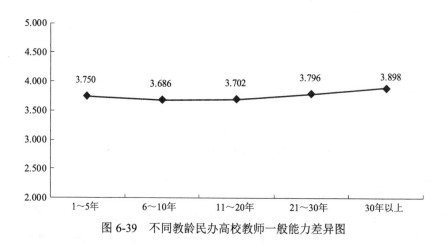

图 6-39　不同教龄民办高校教师一般能力差异图

5. 职称

通过显著性水平检验，不同职称民办高校教师一般能力差异显著（p=0.000*** <

0.001)，不同职称民办中小学教师一般能力差异不显著（p=0.210 ＞ 0.05）。

民办高校教师一般能力与职称呈现"V"形相关，正高级职称和无职称的民办高校教师一般能力较强，中级职称民办高校教师一般能力最弱（图6-40）。

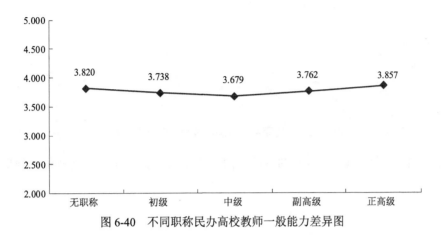

图 6-40　不同职称民办高校教师一般能力差异图

6. 工作年限

通过显著性水平检验，不同工作年限民办高校教师一般能力存在显著差异（p=0.003** ＜ 0.01），不同工作年限民办中小学教师一般能力差异不显著（p=0.953 ＞ 0.05）。

民办高校教师一般能力随着工作年限的增长而增强，工作年限30年以上民办高校教师一般能力均值最高，工作年限 1 ~ 5 年民办高校教师一般能力均值最低（图6-41）。

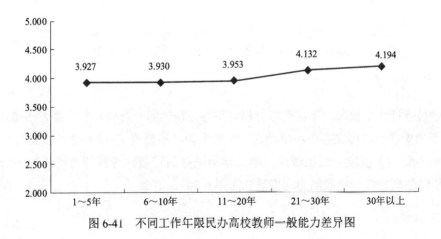

图 6-41　不同工作年限民办高校教师一般能力差异图

7. 职务

通过显著性水平检验，不同职务民办高校、中小学教师一般能力均存在显著差异（p=0.000*** ＜ 0.001）。

在民办高校专职科研人员一般能力最强，担任校领导的教师一般能力最弱（图6-42）。

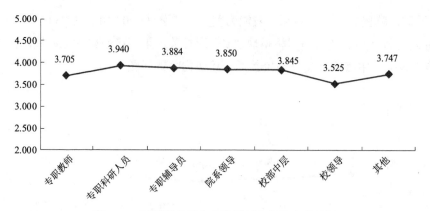

图 6-42　不同职务民办高校教师一般能力差异图

在民办中小学，担任副校长的教师一般能力最强，担任正校长的教师一般能力最弱（图 6-43）。

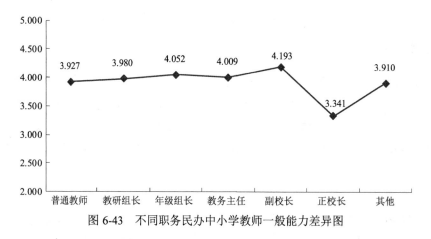

图 6-43　不同职务民办中小学教师一般能力差异图

8. 受教育程度

通过显著性水平检验，不同受教育程度民办高校教师一般能力差异显著（$p=0.006** < 0.01$），不同受教育程度民办中小学教师一般能力差异不显著（$p=0.667 > 0.05$）。

在不同受教育程度分组比较中，学士学历民办高校教师一般能力均值最高，硕士研究生学历民办高校教师一般能力均值最低（图 6-44）。

9. 任教学科

通过显著性水平检验，不同任教学科民办高校教师一般能力存在显著差异（$p=0.000*** < 0.001$），不同任教科目民办中小学教师一般能力差异显著（$p=0.034* < 0.05$）。

在不同任教学科分组比较中，民办高校艺术学教师一般能力均值最高，农学教师一般能力均值最低（图 6-45）。

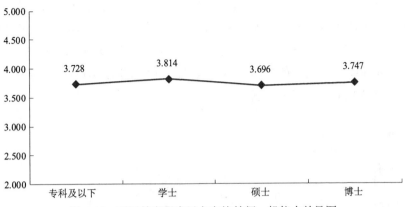

图 6-44 不同教育程度民办高校教师一般能力差异图

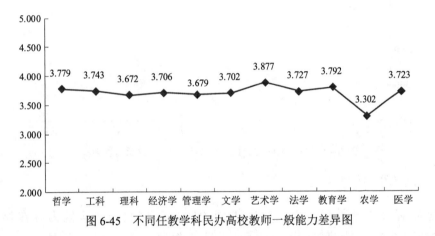

图 6-45 不同任教学科民办高校教师一般能力差异图

民办中小学音体美教师一般能力均值最高，政史地社教师一般能力均值最低（图 6-46）。

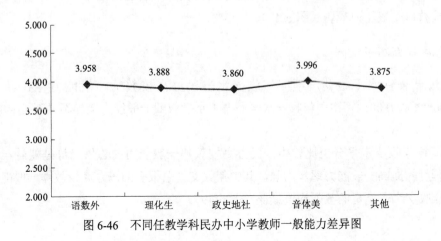

图 6-46 不同任教学科民办中小学教师一般能力差异图

10. 课程门数

通过显著性水平检验，不同授课门数民办高校教师一般能力不存在显著差异（$p=0.154 > 0.05$），不同授课门数民办中小学教师一般能力存在显著差异（$p=0.002** < 0.05$）。

在不同授课门数分组比较中，民办中小学教师一般能力均值最高的为授 3 门课的教师，最低的为不承担授课任务的教师；不承担授课任务或者承担授课门数超过一定数量（4门）都会大幅降低教师一般能力（图 6-47）。

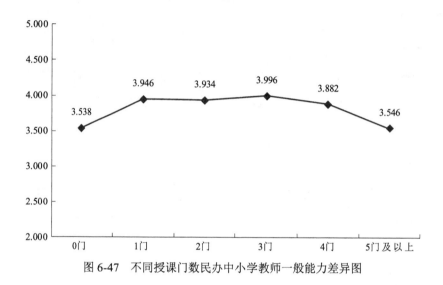

图 6-47　不同授课门数民办中小学教师一般能力差异图

11. 上班单程时间

通过显著性水平检验，上班时间不同的民办高校教师一般能力存在显著差异（$p=0.003** < 0.01$），上班时间不同的民办中小学教师一般能力差异不显著（$p=0.058 > 0.05$）。

单程上班时间为半小时到 1 小时的民办高校教师一般能力最强；单程超过 2 小时的民办高校教师一般能力最弱（图 6-48）。

12. 年收支水平

通过显著性水平检验，不同年收支水平民办高校教师一般能力存在显著差异（$p=0.000*** < 0.001$），不同年收支水平民办中小学教师一般能力差异不显著（$p=0.147 > 0.05$）。

在不同年收支水平分组比较中，民办高校教师一般能力的总体趋势是随着年收支水平富余程度的提高一般能力逐步增强，其中年收支富余很多的民办高校教师一般能力均值最高，年收支水平不足的教师均值最低（图 6-49）。

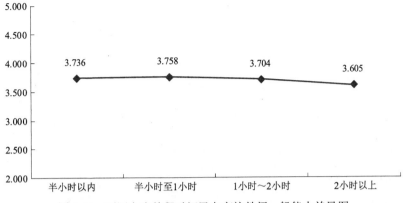

图6-48 不同上班单程时间民办高校教师一般能力差异图

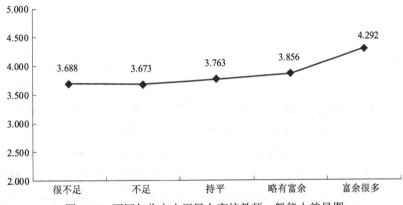

图6-49 不同年收支水平民办高校教师一般能力差异图

13. 工作满意度

通过显著性水平检验，不同工作满意度水平民办高校、中小学教师一般能力均存在显著差异（$p=0.000*** < 0.001$）。

在不同工作满意度分组比较中，无论是民办高校教师还是中小学教师一般能力的总休趋势都是随着满意度的提高而提高，其中，"非常满意"的民办学校教师一般能力均值最高，"非常不满意"的民办学校教师一般能力均值最低（图6-50）。

（三）结论

1）民办高校男教师一般能力明显高于女教师。

2）民办中小学兼职教师一般能力明显高于全职教师。

3）50岁及以下民办中小学教师总体趋势随着年龄的增长一般能力有所上升，50岁以上出现了下降现象，60岁以上大幅度下降，均值最低。民办高校教师一般能力则随着年龄增长而持续增强，其中60岁以上民办高校教师一般能力最强，36～40岁的民办高

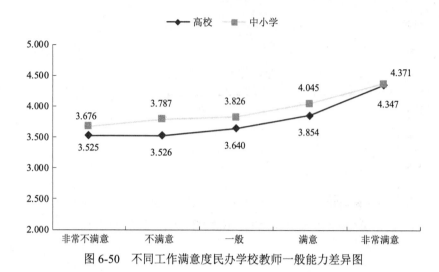

图 6-50　不同工作满意度民办学校教师一般能力差异图

校教师一般能力均值最低。

4）随着民办高校教师教龄的增长出现了一般能力先下降后上升的趋势，其中 30 年以上教龄的民办高校教师一般能力最强，6 ～ 10 年教龄的教师一般能力最弱。

5）民办高校教师一般能力与职称呈现"V"形相关，正高级职称和无职称的民办高校教师一般能力较强，中级职称民办高校教师一般能力最弱。

6）民办高校教师一般能力随着工作年限的增长而增强，工作年限 30 年以上民办高校教师一般能力均值最高，工作年限 1 ～ 5 年民办高校教师一般能力均值最低。

7）民办高校专职科研人员一般能力最强，担任校领导的教师一般能力最弱；在民办中小学，担任副校长的教师一般能力最强，担任正校长的教师一般能力最弱。

8）学士学历民办高校教师一般能力均值最高，硕士研究生学历民办高校教师一般能力均值最低。

9）艺术学民办高校教师一般能力均值最高，农学民办高校教师一般能力均值最低。

10）授 3 门课的民办中小学教师一般能力均值最高，不承担授课任务的教师一般能力均值最低；不承担授课任务或者承担授课门数超过一定数量（4 门）都会大幅降低教师一般能力。

11）上班单程时间为半小时到 1 小时的民办高校教师一般能力最强；单程超过 2 小时的民办高校教师一般能力最弱。

12）民办高校教师总体趋势是随着年收支水平富余程度的提高一般能力逐步提升；其中年收支富余很多的民办高校教师一般能力均值最高，年收支水平不足的教师均值最低。

13）无论是民办高校教师还是中小学教师一般能力的总体趋势都是随着工作满意度的提高而提高。其中，"非常满意"的民办学校教师一般能力均值最高，"非常不满意"的民办学校教师一般能力均值最低。

第七章　合作意识

内容提要

　　本章通过调查全国东、中、西部民办高校、民办中小学教师的合作意识情况，运用数据和图形展示民办高校教师个人教学效能感、课堂管理效能感和学生投入效能感的发展情况。

　　合作意识是指个体对某一共同行为及其规则的情感与认知，是合作行为得以产生的前提和基础。具体表现为团队成员间相互依存、荣辱与共、互敬互重、彼此宽容和尊重个性的差异；彼此形成一种相互信任、相互帮助、相互关怀的风气；团队成员间共享利益和成就，共担责任和风险。合作意识需要通过某种活动，通过人和人的交往过程，通过共同完成任务、成果的分享和共同承担责任等去培养。

　　教师合作意识是指教师在完成共同的目的、利益或价值的过程当中有目的地与他人互动的一种心理状态。教师合作意识情况共分3个测量指标，分别是参与协作意识、教学交流意识和共同愿景意识。民办中小学样本教师共同愿景意识均值最高，参与协作意识最低；民办高校样本教师教学交流意识均值最高，参与协作意识最低。总体上，民办高校教师合作意识普遍低于民办中小学教师（图7-1）。

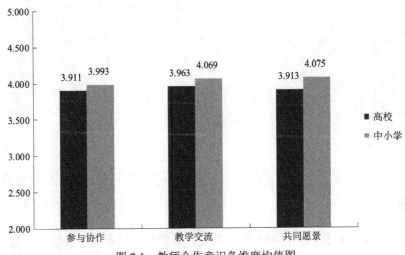

图 7-1　教师合作意识各维度均值图

一、参与协作

（一）基本情况

参与协作意识是指教师愿意与他人协作完成某种任务的心理状态。

民办学校教师参与协作意识状态一般，高校教师参与协作意识均值为 3.911，民办中小学教师为 3.993，在教师合作意识各维度中均值最低。

（二）差异分析

1. 性别

通过显著性水平检验，不同性别民办高校教师参与协作意识差异不显著（$p > 0.05$），不同性别民办中小学教师参与协作意识存在显著差异（$p < 0.001$）（表 7-1）。

表 7-1　民办学校教师参与协作性别差异检验

影响因素		高校		中小学	
		平均值	p	平均值	p
性别	男	3.905	0.564	3.898	0.000***
	女	3.914		4.041	

在不同性别分组比较中，民办中小学女教师参与协作意识明显高于男教师（图 7-2）。

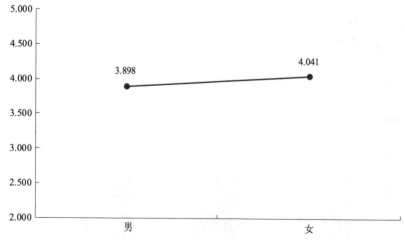

图 7-2　不同性别民办中小学教师参与协作意识差异图

2. 身份

通过显著性水平检验，不同身份民办高校教师参与协作意识存在显著差异（$p = 0.002**$

＜0.01），不同年龄民办中小学教师参与协作意识差异不显著（*p*=0.357＞0.05）。

在不同身份分组比较中，民办高校全职教师参与协作意识明显高于兼职教师（图7-3）。

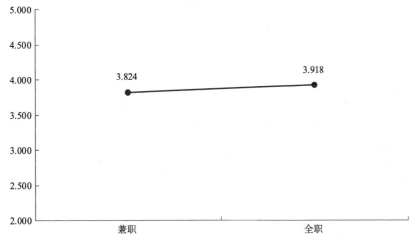

图7-3　不同身份民办高校教师参与协作意识差异图

3. 年龄

通过显著性水平检验，不同年龄民办高校教师（*p*=0.004**＜0.01）、中小学教师（*p*=0.000***＜0.001）参与协作意识存在显著差异。

在不同年龄分组比较中，31～35岁的民办中小学教师参与协作意识均值最高，60岁以上民办中小学教师均值最低；60岁以上民办高校教师参与协作意识最高，51～60岁民办高校教师最低（图7-4）。

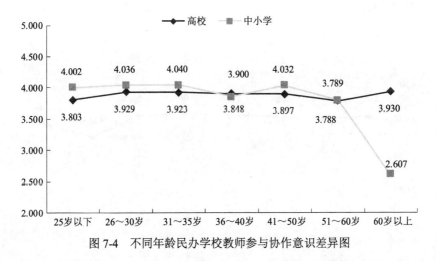

图7-4　不同年龄民办学校教师参与协作意识差异图

4. 教龄

通过显著性水平检验，不同教龄民办高校教师参与协作意识差异不显著（*p*=0.697＞

0.05），不同教龄民办中小学教师参与协作意识存在显著差异（p=0.000*** ＜ 0.001）。

在不同教龄分组比较中，随着民办中小学教师教龄的增长出现了参与协作意识先下降再上升又下降的趋势，其中 1 ～ 5 年教龄的民办中小学教师参与协作意识最强，30 年以上教龄教师参与协作意识最弱（图 7-5）。

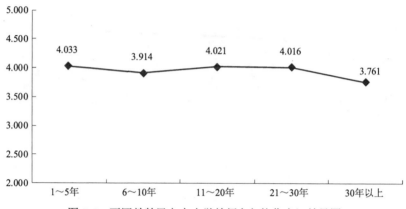

图 7-5　不同教龄民办中小学教师参与协作意识差异图

5. 职称

通过显著性水平检验，不同职称民办高校教师参与协作意识差异不显著（p=0.728 ＞0.05），不同职称民办中小学教师参与协作意识存在显著差异（p=0.000*** ＜ 0.001）。

在不同职称分组比较中，随着民办中小学教师职称的提高出现了参与协作意识先上升后下降又上升的趋势，其中中学三级教师的参与协作意识最强，中学一级教师参与协作意识最弱（图 7-6）。

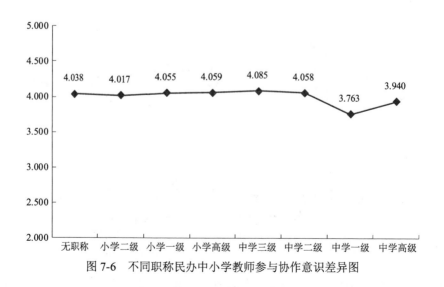

图 7-6　不同职称民办中小学教师参与协作意识差异图

6. 职务

通过显著性水平检验，不同职务民办高校教师参与协作意识差异不显著（$p=0.059 >$ 0.05），不同职务民办中小学教师参与协作意识存在显著差异（$p=0.029* < 0.05$）。

在民办中小学担任副校长的教师参与协作意识最强，担任正校长的教师参与协作意识最弱（图7-7）。

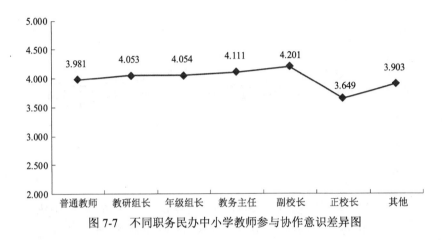

图 7-7　不同职务民办中小学教师参与协作意识差异图

7. 受教育程度

通过显著性水平检验，不同受教育程度的民办高校教师（$p=0.041* < 0.05$）、中小学教师（$p=0.044* < 0.05$）参与协作意识存在显著差异。

在不同受教育程度分组比较中，学士学历的民办高校教师参与协作意识最强，专科及以下学历的教师最弱；硕士研究生学历的民办中小学教师参与协作意识最强，博士研究生学历的教师最弱（图7-8）。

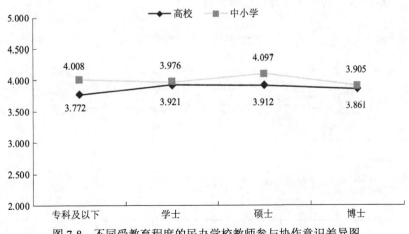

图 7-8　不同受教育程度的民办学校教师参与协作意识差异图

8. 任教学科

通过显著性水平检验，不同任教学科民办高校教师参与协作意识存在显著差异（$p=0.000*** < 0.001$），不同任教科目民办中小学教师参与协作意识差异不显著（$p=0.056 > 0.05$）。

在不同任教学科分组比较中，艺术学教师参与协作意识均值最高，农学教师参与协作意识均值最低（图7-9）。

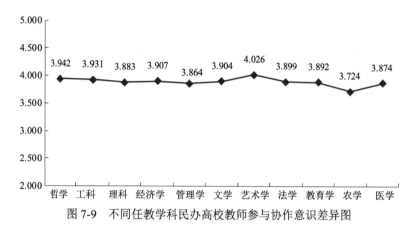

图 7-9　不同任教学科民办高校教师参与协作意识差异图

9. 课程门数

通过显著性水平检验，不同授课门数民办高校教师、中小学教师参与协作意识存在显著差异（$p=0.000*** < 0.001$）。

在不同授课门数分组比较中，民办高校教师参与协作意识均值最高的为授1门课的教师，最低的为授课5门及以上的教师；民办中小学教师参与协作意识均值最高的为授4门课的教师，最低的为授课5门及以上的教师；无论高校还是中小学，承担课程超过一定数量（4门）都会降低教师参与协作意识（图7-10）。

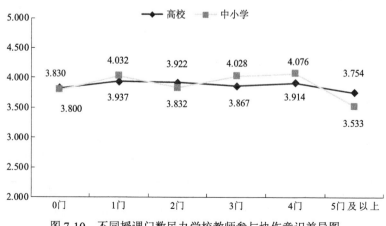

图 7-10　不同授课门数民办学校教师参与协作意识差异图

10. 上班单程时间

通过显著性水平检验，上班时间不同的民办高校教师参与协作意识存在显著性差异（$p=0.014* < 0.05$），单程上班时间不同的民办中小学教师参与协作意识差异不显著（$p=0.142 > 0.05$）。

在单程上班时间分组比较中，随着民办高校教师花费时间的增加出现了参与协作意识逐步下降的趋势，民办高校教师参与协作意识均值最高的为花费半小时以内时间的教师，最低的为花费 2 小时以上时间的教师（图 7-11）。

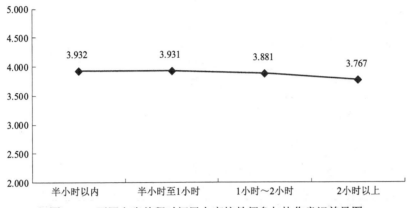

图 7-11　不同上班单程时间民办高校教师参与协作意识差异图

11. 年收支水平

通过显著性水平检验，不同年收支水平民办高校教师参与协作意识差异不显著（$p=0.463 > 0.05$），不同年收支水平民办中小学教师参与协作意识存在显著性差异（$p=0.011* < 0.05$）。

在不同年收支水平分组比较中，略有富余的民办中小学教师参与协作意识均值最高，不足的教师均值最低（图 7-12）。

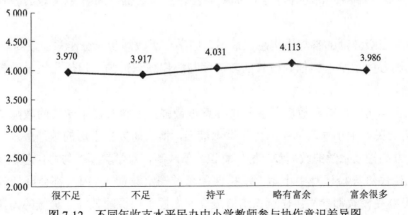

图 7-12　不同年收支水平民办中小学教师参与协作意识差异图

12. 工作满意度

通过显著性水平检验，不同工作满意度水平民办高校、中小学教师参与协作意识存在显著差异（$p=0.000*** < 0.001$）。

在不同工作满意度分组比较中，无论是民办高校教师还是中小学教师总体趋势都是随着满意度的提高参与协作意识增强，其中，"非常满意"的民办学校教师参与协作意识均值最高，"非常不满意"的民办学校教师最低（图7-13）。

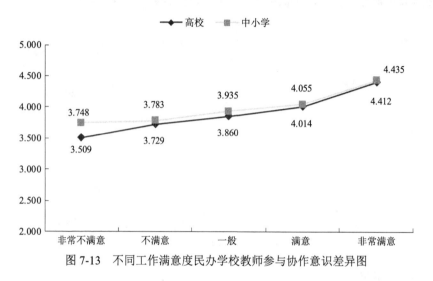

图 7-13 不同工作满意度民办学校教师参与协作意识差异图

（三）结论

1）民办中小学女教师参与协作意识明显高于男教师。

2）民办高校全职教师参与协作意识明显高于兼职教师。

3）31～35岁的民办中小学教师参与协作意识均值最高，60岁以上民办中小学教师均值最低；60岁以上民办高校教师参与协作意识最高，51～60岁民办高校教师最低。

4）1～5年教龄的民办中小学教师参与协作意识最强，30年以上教龄教师参与协作意识最弱。

5）中学三级教师的参与协作意识最强，中学一级教师参与协作意识最弱。

6）在民办中小学，担任副校长的教师参与协作意识最强，担任正校长的教师参与协作意识最弱。

7）学士学历的民办高校教师参与协作意识最强，专科及以下学历的教师最弱；硕士研究生学历的民办中小学教师参与协作意识最强，博士研究生学历的教师最弱。

8）民办高校艺术学的教师参与协作意识均值最高，农学教师参与协作意识均值最低。

9）无论民办高校还是中小学，承担课程超过一定数量（4门）都会降低教师参与协作意识。民办高校教师参与协作意识均值最高的为授1门课的教师，最低的为授课5门及以上的教师；民办中小学教师参与协作意识均值最高的为授 4 门课的教师，最低的为授课 5 门及以上的教师。

10）随着民办高校教师上班花费时间的增加出现了参与协作意识逐步下降的趋势，民办高校教师参与协作意识均值最高的为花费半小时以内时间的教师，最低的为花费 2 小时以上时间的教师。

11）年收支水平略有富余的民办中小学教师参与协作意识均值最高，不足的教师均值最低。

12）无论是民办高校教师还是中小学教师总体趋势都是随着工作满意度的提高而增强参与协作意识。其中，"非常满意"的民办学校教师参与协作意识均值最高，"非常不满意"的民办学校教师最低。

二、教学交流

（一）基本情况

教学交流意识是指教师为提高自己的教学能力或者帮助其他教师提高教学能力愿意与他人交流教学经验的心理状态。

民办学校教师教学交流意识状态较强，民办高校教师教学交流意识均值为 3.963，民办中小学教师为 4.069，在教师合作意识各维度中均值较高。

（二）差异分析

1. 性别

通过显著性水平检验，不同性别民办高校教师教学交流意识差异不显著（$p=0.744 >$ 0.05），不同性别民办中小学教师教学交流意识存在显著差异（$p=0.001** < 0.01$）。

在不同性别分组比较中，民办中小学女教师教学交流意识明显高于男教师（图 7-14）。

2. 身份

通过显著性水平检验，不同身份民办高校教师教学交流意识存在显著差异（$p=$ $0.013* < 0.05$），不同身份民办中小学教师教学交流意识差异不显著（$p-0.362 > 0.05$）。

在不同身份分组比较中，民办高校全职教师教学交流意识明显高于兼职教师（图 7-15）。

3. 年龄

通过显著性水平检验，不同年龄民办高校教师教学交流意识差异不显著（$p=0.094 >$ 0.05），不同年龄民办中小学教师教学交流意识存在显著差异（$p=0.000*** < 0.001$）。

在不同年龄分组比较中，41～50岁的民办中小学教师教学交流意识均值最高，60岁以上民办中小学教师均值最低（图7-16）。

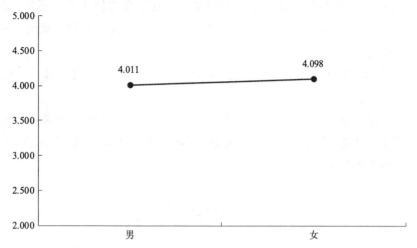

图 7-14　不同性别民办中小学教师教学交流意识差异图

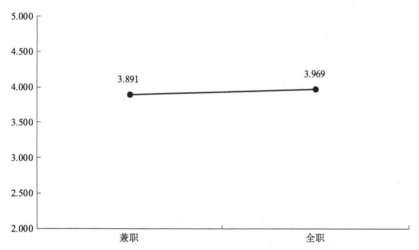

图 7-15　不同身份民办高校教师教学交流意识差异图

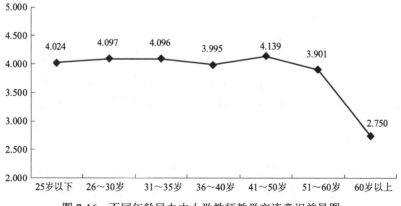

图 7-16　不同年龄民办中小学教师教学交流意识差异图

4. 教龄

通过显著性水平检验，不同教龄民办高校教师教学交流意识差异不显著（$p=0.110 >$ 0.05），不同教龄民办中小学教师教学交流意识存在显著差异（$p=0.001** < 0.01$）。

在不同教龄分组比较中，随着民办中小学教师教龄的增长出现了教学交流意识先下降再上升又下降的趋势，其中 21～30 年教龄的民办中小学教师教学交流意识最强，30 年以上教龄教师教学交流意识最弱（图 7-17）。

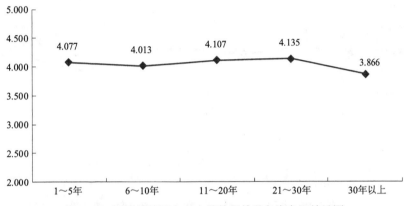

图 7-17　不同教龄民办中小学教师教学交流意识差异图

5. 职称

通过显著性水平检验，不同职称民办高校教师教学交流意识差异不显著（$p=0.082 >$ 0.05），不同职称民办中小学教师教学交流意识存在显著差异（$p=0.001** < 0.01$）。

在不同职称分组比较中，中学三级教师的教学交流意识最强，中学一级教师的教学交流意识最弱（图 7-18）。

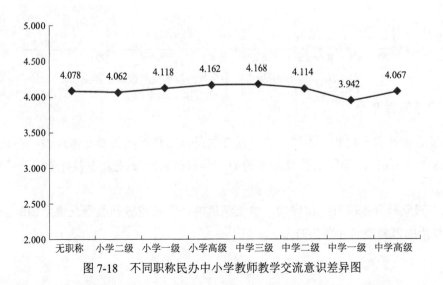

图 7-18　不同职称民办中小学教师教学交流意识差异图

6. 职务

通过显著性水平检验，不同职务民办高校教师（$p=0.002** < 0.01$）、中小学教师（$p=0.001** < 0.01$）教学交流意识存在显著差异。

在民办高校专职科研人员兼课教师的教学交流意识最强，担任校领导的教师教学交流意识最弱（图 7-19）；在民办中小学担任副校长的教师教学交流意识最强，担任正校长的教师教学交流意识最弱（图 7-20）。

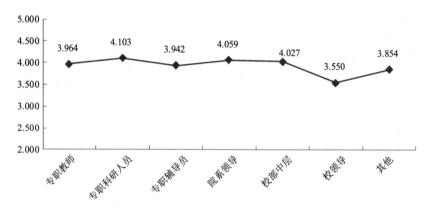

图 7-19　不同职务民办高校教师教学交流意识差异图

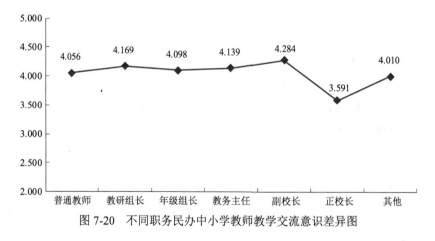

图 7-20　不同职务民办中小学教师教学交流意识差异图

7. 受教育程度

通过显著性水平检验，不同受教育程度的民办高校教师教学交流意识存在显著差异（$p=0.008** < 0.01$），不同受教育程度的中小学教师教学交流意识差异不显著（$p=0.766 > 0.05$）。

在不同受教育程度分组比较中，学士学历的民办高校教师教学交流意识最强，专科及以下学历的教师最弱（图 7-21）。

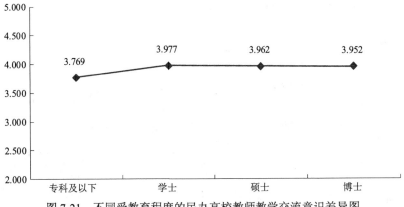

图 7-21　不同受教育程度的民办高校教师教学交流意识差异图

8. 任教学科

通过显著性水平检验，不同任教学科民办高校教师教学交流意识存在显著差异（p=0.000***＜0.001），不同任教科目民办中小学教师教学交流意识差异不显著（p=0.189＞0.05）。

在不同任教学科分组比较中，民办高校艺术学教师教学交流意识均值最高，农学教师教学交流意识均值最低（图7-22）。

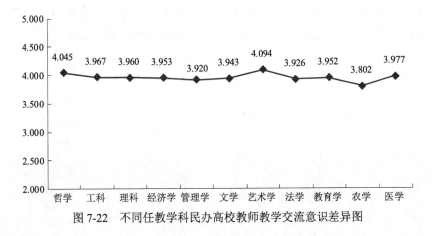

图 7-22　不同任教学科民办高校教师教学交流意识差异图

9. 课程门数

通过显著性水平检验，不同授课门数民办高校教师、中小学教师教学交流意识存在显著差异（p=0.000***＜0.001）。

在不同授课门数分组比较中，民办高校教师教学交流意识均值最高的为授1门课的教师，最低的为授课5门及以上的教师；民办中小学教师教学交流意识均值最高的为授1门课的教师，最低的为授课5门及以上的教师；无论民办高校还是中小学，承担课程超过一定数量都会降低教师教学交流意识（图 7-23）。

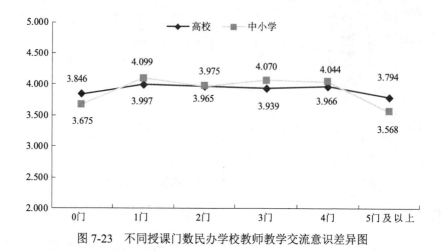

图 7-23　不同授课门数民办学校教师教学交流意识差异图

10. 上班单程时间

通过显著性水平检验，上班时间不同的民办高校教师教学交流意识存在显著性差异（p=0.001*** ＜ 0.01），上班时间不同的民办中小学教师教学交流意识差异不显著（p=0.501 ＞ 0.05）。

在单程上班时间分组比较中，民办高校教师教学交流意识均值最高的为花费半小时到 1 小时时间的教师，最低的为花费 2 小时以上时间的教师（图 7-24）。

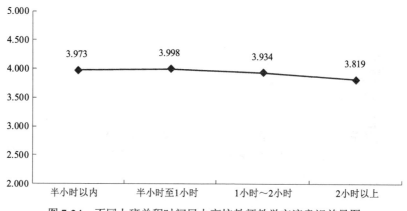

图 7-24　不同上班单程时间民办高校教师教学交流意识差异图

11. 年收支水平

通过显著性水平检验，不同年收支水平民办高校教师（p=0.571 ＞ 0.05）、中小学教师（p=0.188 ＞ 0.05）教学交流意识差异不显著。

12. 工作满意度

通过显著性水平检验，不同工作满意度水平民办高校教师（$p=0.000*** < 0.001$）、中小学教师（$p=0.037* < 0.05$）教学交流意识存在显著差异。

在不同工作满意度分组比较中，无论是民办高校教师还是中小学教师总体趋势都是随着满意度的提高教学交流意识增强。其中，"非常满意"的民办学校教师教学交流意识均值最高，"非常不满意"的民办学校教师最低（图7-25）。

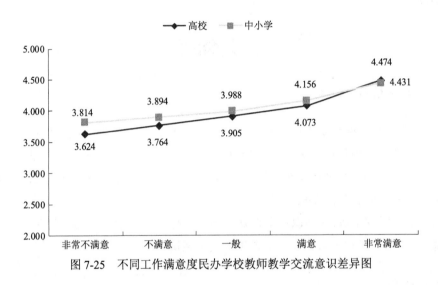

图7-25　不同工作满意度民办学校教师教学交流意识差异图

（三）结论

1）民办中小学女教师教学交流意识明显高于男教师。

2）民办高校全职教师教学交流意识明显高于兼职教师。

3）41～50岁的民办中小学教师教学交流意识均值最高，60岁以上民办中小学教师均值最低。

4）21～30年教龄的民办中小学教师教学交流意识最强，30年以上教龄教师教学交流意识最弱。

5）中学三级教师的教学交流意识最强，中学一级教师的教学交流意识最弱。

6）在民办高校专职科研人员兼课教师的教学交流意识最强，担任校领导的教师教学交流意识最弱；在民办中小学担任副校长的教师教学交流意识最强，担任正校长的教师教学交流意识最弱。

7）学士学历的民办高校教师教学交流意识最强，专科及以下学历的教师最弱。

8）民办高校艺术学教师教学交流意识均值最高，农学教师教学交流意识均值最低。

9）无论民办高校还是中小学，承担课程超过一定数量都会降低教师教学交流意识。民办高校教师教学交流意识均值最高的为授1门课的教师，最低的为授课5门及以上的教师；民办中小学教师教学交流意识均值最高的为授 1 门课的教师，最低的为授课 5 门及以上的教师。

10）民办高校教师教学交流意识均值最高的为上班单程花费半小时到 1 小时的教师，最低的为花费 2 小时以上的教师。

11）无论是民办高校教师还是中小学教师总体趋势都是随着工作满意度的提高教学交流意识增强。其中，"非常满意"的民办学校教师教学交流意识均值最高，"非常不满意"的民办学校教师最低。

三、共同愿景

（一）基本情况

共同愿景意识是指组织中的人所共同持有的意象，是一个组织确立的在一定时期内希望达到的景象，是组织成员为之努力的总目标，也是蕴藏在人们心中的一股令人深受感召的力量。发自组织成员内心深处的真实愿望，包括组织存在的价值、使命和目标，组织未来发展规划及达到目标的手段。

民办学校教师共同愿景意识状态较好，高校教师共同愿景意识均值为 3.913，民办中小学教师为 4.075。在教师合作意识各维度中均值较高。

（二）差异分析

1. 性别

通过显著性水平检验，不同性别民办高校教师共同愿景意识差异不显著（$p=0.184 >0.05$），不同性别民办中小学教师共同愿景意识存在显著差异（$p=0.010* < 0.05$）。

在不同性别分组比较中，民办中小学女教师共同愿景意识明显高于男教师（图 7-26）。

2. 身份

通过显著性水平检验，不同身份民办高校教师共同愿景意识存在显著差异（$p=0.026* < 0.05$），不同身份民办中小学教师共同愿景意识差异不显著（$p=0.226 > 0.05$）。

在不同身份分组比较中，民办高校全职教师共同愿景意识明显高于兼职教师（图 7-27）。

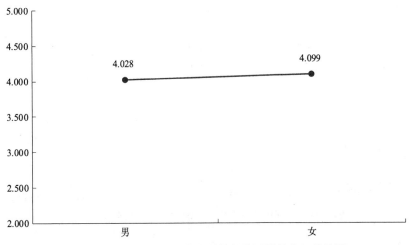

图 7-26 不同性别民办中小学教师共同愿景意识差异图

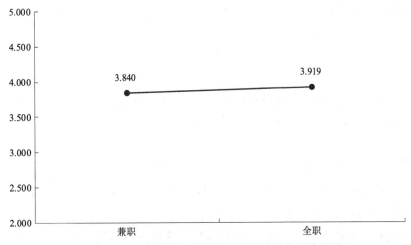

图 7-27 不同身份民办高校教师共同愿景意识差异图

3. 年龄

通过显著性水平检验，不同年龄民办高校教师共同愿景意识差异不显著（$p=0.517 < 0.05$），不同年龄中小学教师共同愿景意识存在显著差异（$p=0.000*** < 0.001$）。

在不同年龄分组比较中，41～50 岁的民办中小学教师共同愿景意识均值最高，60 岁以上民办中小学教师均值最低（图 7-28）。

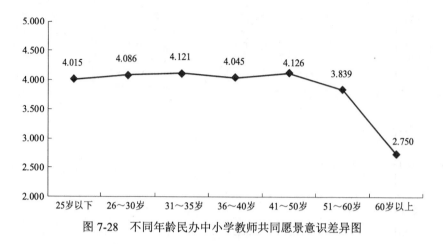

图 7-28　不同年龄民办中小学教师共同愿景意识差异图

4. 教龄

通过显著性水平检验，不同教龄民办高校教师（p=0.723 ＞ 0.05）、中小学教师（p=0.093 ＞ 0.05）共同愿景意识差异不显著。

5. 职称

通过显著性水平检验，不同职称民办高校教师（p=0.417 ＞ 0.05）、中小学教师（p=0.259 ＞ 0.05）共同愿景意识差异不显著。

6. 职务

通过显著性水平检验，不同职务民办高校教师（p=0.028* ＜ 0.05）、中小学教师（p=0.034* ＜ 0.05）共同愿景意识存在显著差异。

在民办高校，专职科研人员兼课教师的共同愿景意识最强，校领导的共同愿景意识最弱（图 7-29）；在民办中小学担任副校长的教师共同愿景意识最强，担任正校长的教师共同愿景意识最弱（图 7-30）。

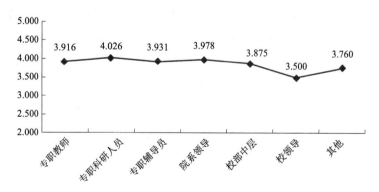

图 7-29　不同职务民办高校教师共同愿景意识差异图

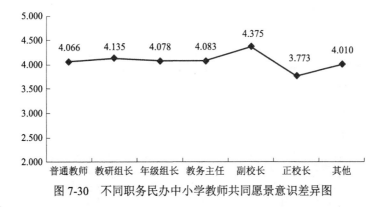

图 7-30 不同职务民办中小学教师共同愿景意识差异图

7. 受教育程度

通过显著性水平检验，不同受教育程度的民办高校教师共同愿景意识存在显著差异（$p=0.020* < 0.05$），不同受教育程度的中小学教师共同愿景意识差异不显著（$p=0.668 > 0.05$）。

在不同受教育程度分组比较中，学士学历的民办高校教师共同愿景意识最强，专科及以下学历的教师最弱（图 7-31）。

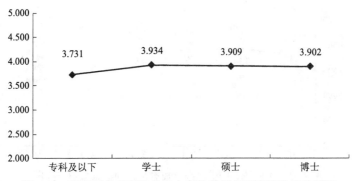

图 7-31 不同受教育程度的民办高校教师共同愿景意识差异图

8. 任教学科

通过显著性水平检验，不同任教学科民办高校教师共同愿景意识存在显著差异（$p=0.006** < 0.01$），不同任教科目民办中小学教师共同愿景意识差异不显著（$p=0.308 > 0.05$）。

在不同任教学科分组比较中，民办高校艺术学教师共同愿景意识均值最高，农学教师共同愿景意识均值最低（图 7-32）。

9. 课程门数

通过显著性水平检验，不同授课门数民办高校教师、中小学教师共同愿景意识存在显著差异（$p=0.002** < 0.01$）。

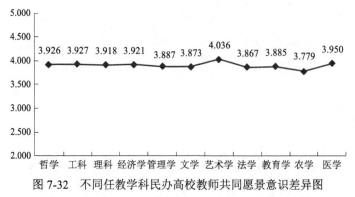

图 7-32 不同任教学科民办高校教师共同愿景意识差异图

在不同授课门数分组比较中，民办高校教师共同愿景意识均值最高的为授 1 门课的教师，最低的为授课 5 门及以上的教师；民办中小学教师共同愿景均值最高的为授 4 门课的教师，最低的为授课 5 门及以上的教师；无论高校还是中小学，承担课程超过一定数量都会降低教师共同愿景意识（图 7-33）。

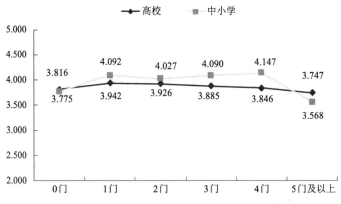

图 7-33 不同授课门数民办学校教师共同愿景意识差异图

10. 上班单程时间

通过显著性水平检验，上班单程时间不同的民办高校教师共同愿景意识存在显著性差异（$p=0.000^{***} < 0.001$），上班单程时间不同的民办中小学教师共同愿景意识差异不显著（$p=0.483 > 0.05$）。

在单程上班时间分组比较中，民办高校教师共同愿景意识均值最高的为花费半小时到 1 小时的教师，最低的为花费 2 小时以上的教师（图 7-34）。

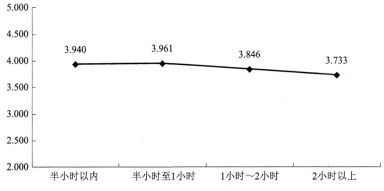

图 7-34　不同上班单程时间民办高校教师共同愿景意识差异图

11. 年收支水平

通过显著性水平检验，不同年收支水平民办高校教师（$p=0.677 > 0.05$）、中小学教师（$p=0.499 > 0.05$）共同愿景意识差异不显著。

12. 工作满意度

通过显著性水平检验，不同工作满意度水平民办高校共同愿景意识存在显著差异（$p=0.001^{***} < 0.001$），不同工作满意度水平中小学教师共同愿景意识差异不显著（$p=0.197 > 0.05$）。

在不同工作满意度分组比较中，民办高校教师总体趋势是随着满意度的提高共同愿景意识增强，其中，"非常满意"的民办高校教师共同愿景意识均值最高，"非常不满意"的民办高校教师最低（图 7-35）。

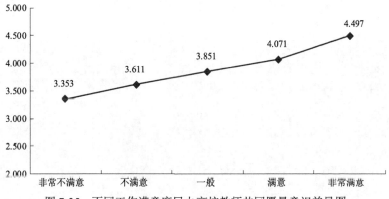

图 7-35　不同工作满意度民办高校教师共同愿景意识差异图

（三）结论

1）民办中小学女教师共同愿景意识明显高于男教师。

2）民办高校全职教师共同愿景意识明显高于兼职教师。

3）41～50 岁的民办中小学教师共同愿景意识均值最高，60 岁以上民办中小学教师均值最低。

4）在民办高校专职科研人员兼课教师的共同愿景意识最强，校领导的共同愿景意识最弱；在民办中小学担任副校长的教师共同愿景意识最强，担任正校长的教师共同愿景意识最弱。

5）学士学历的民办高校教师共同愿景意识最强，专科及以下学历的教师最弱。

6）民办高校艺术学教师共同愿景意识均值最高，农学教师共同愿景意识均值最低。

7）无论民办高校还是中小学，承担课程超过一定数量都会降低教师共同愿景意识。民办高校教师共同愿景意识均值最高的为授 1 门课的教师，最低的为授课 5 门及以上的教师；民办中小学教师共同愿景均值最高的为授 4 门课的教师，最低的为授课 5 门及以上的教师。

8）民办高校教师共同愿景意识均值最高的为上班花费半小时到 1 小时的教师，最低的为花费 2 小时以上时间的教师。

9）民办高校教师总体趋势是随着工作满意度的提高共同愿景意识增强。其中，"非常满意"的民办高校教师共同愿景意识均值最高，"非常不满意"的民办高校教师最低。

第三部分

民办学校学生发展报告

第八章　获得感

内容提要

　　本章通过调查全国东、中、西部民办高校、民办中小学学生的获得感情况，运用数据和图形展示民办高校和中小学学生的参与机会、认同程度、成就水平和满足状况的发展情况。

　　为方便比较民办中小学与高校学生的发展状况，本书主要分析问卷中相同的获得感和情绪智力两个量表。

　　获得感是指因物质层面和精神层面的获得而产生的可以长久维持的满足感，强调在为我基础上的一种实实在在的得到。[①] 这一概念由习近平总书记在 2015 年中央全面深化改革领导小组第十次会议上提出，要"把改革方案的含金量充分展示出来，让人民群众有更多获得感"。[②] 获得感与"幸福感""满意度"等概念相关，但更强调参与性、公正性、客观获得性。在社会层面，推动包容性发展、改善民生、实现公民政治权利是提高公民获得感的重要途径。[③]

　　学生获得感是指学生在求学期间，因学校提供的教育服务满足了学生学习和生活的需求，获得了参与机会，得到了认同，并取得了一定成就的正向综合心理感受。[④] 学生获得感共分为 4 个测量指标，分别是参与机会、认同程度、成就水平和满足状况。民办学校样本学生的满足状况均值最高，中小学学生为 4.092，高校学生为 3.820；参与机会均值最低，中小学学生为 3.861，高校学生为 3.523。总体上，民办高校学生的获得感普遍低于民办中小学学生（图 8-1）。

---

　　① 张品."获得感"的理论内涵及当代价值 [J].河南理工大学学报（社会科学版），2016，17（04）：402-407.

　　② 新华网.习近平主持召开中央全面深化改革领导小组第十次会议.（2015-02-27）[2018-12-08]. http://www.xinhuanet.com//2015-02/27/c_1114457952.htm.

　　③ 曹现强，李烁.获得感的时代内涵与国外经验借鉴 [J].人民论坛·学术前沿，2017（02）：18-28.

　　④ 周海涛，张墨涵，罗炜.我国民办高校学生获得感的调查与分析 [J].高等教育研究，2016，37（09）：54-59.

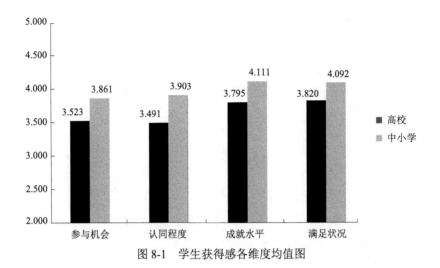

图 8-1 学生获得感各维度均值图

一、参与机会

（一）基本情况

民办学校学生的参与机会水平较低，民办高校学生的均值为 3.523，在民办高校学生获得感各维度中处于偏低水平；民办中小学学生的均值为 3.861，在民办中小学学生获得感各维度中最低。

（二）差异分析

1. 性别

通过显著性水平检验，不同性别民办高校学生的参与机会存在显著差异（$p < 0.001$），不同性别民办中小学学生参与机会也存在显著差异（$p < 0.001$）（表 8-1）。

表 8-1 民办学校学生参与机会性别差异检验

影响因素		高校		中小学	
		平均值	p	平均值	p
性别	男	3.832	0.000***	3.881	0.000***
	女	3.677		3.830	

在不同性别分组比较中，民办高校和民办中小学男生的参与机会高于女生（图 8-2）。

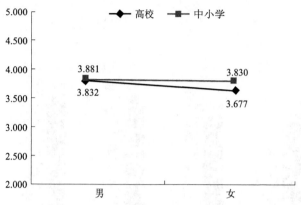

图 8-2　不同性别民办学校学生参与机会差异图

2. 是否独生子女

通过显著性水平检验，独生子女和非独生子女民办高校学生的参与机会存在显著差异（$p=0.046* < 0.05$），独生子女和非独生子女民办中小学学生参与机会也存在显著差异（$p=0.000*** < 0.001$）。

在独生子女和非独生子女学生分组比较中，独生子女学生的参与机会高于非独生子女学生（图 8-3）。

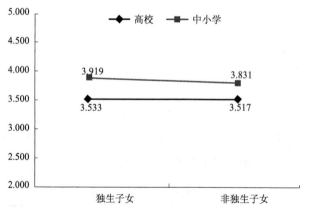

图 8-3　是否独生子女民办学校学生参与机会差异图

3. 父母最高学历

通过显著性水平检验，父母学历不同的民办高校学生的参与机会不存在显著差异（$p=0.161 > 0.05$），父母学历不同的民办中小学学生的参与机会存在显著差异（$p=0.000*** < 0.001$）。

在父母学历的分组比较中，民办中小学学生的参与机会总体上随着父母学历的升高而上升，但父母学历为专科或本科的学生的参与机会均值略低于父母学历为高中的学生；

父母学历为硕士研究生及以上的学生的参与机会均值最高，父母学历为初中及以下的学生的参与机会均值最低（图8-4）。

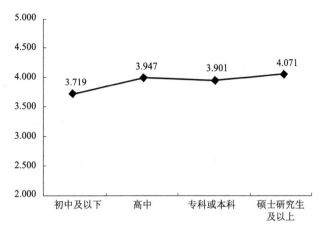

图8-4 父母不同学历民办中小学学生参与机会差异图

4. 父母职业（以父亲为代表）

通过显著性水平检验，父母职业不同的民办高校学生的参与机会存在显著差异，父母职业不同的民办中小学学生的参与机会也存在显著差异（$p=0.000^{***} < 0.001$）。

在民办高校学生父母职业的分组比较中，父亲职业为各类经理人员、专业技术人员的学生的参与机会均值较高；父亲职业为国家机关事业单位负责人（行政管理人员、单位办事人员）、商业服务人员（个体工作人员、商业服务人员和私营企业主）、农（林、牧、渔）民、无业/失业/半失业和退休人员的学生的参与机会均值处于中等水平；父亲职业为工人、农村进城务工人员和其他的学生的参与机会水平较低。

在民办中小学学生父母职业的分组比较中，父亲职业为农村进城务工人员的学生参与机会均值最高，父亲退休的学生的参与机会均值最低；父亲职业为国家机关企事业单位负责人（行政管理人员、单位办事人员、各类经理人员）和农（林、牧、渔）民的学生的参与机会均值较高；父亲职业专业技术人员、商业服务人员（个体工作人员、商业服务人员和私营企业主）的学生的参与机会均值处于中等水平；父亲职业为工人、无业/失业/半失业及其他的学生的参与机会均值较低（图8-5）。

5. 年级

通过显著性水平检验，不同年级的民办高校学生的参与机会不存在显著差异（$p=0.060 > 0.05$），不同年级的民办中小学学生的参与机会存在显著差异（$p=0.000^{***} < 0.001$）。

在不同年级分组比较中，民办中小学学生的参与机会均值随着年级的上升而降低，小学四年级学生的参与机会均值最高，高中一年级学生的参与机会均值最低（图8-6）。

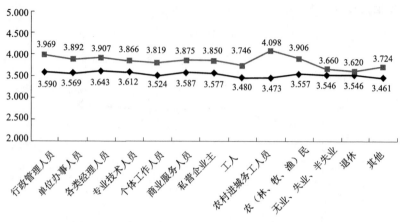

图 8-5 父亲不同职业民办学校学生参与机会差异图

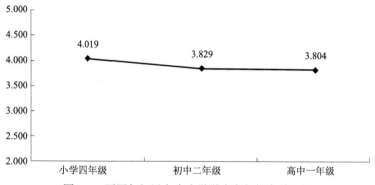

图 8-6 不同年级民办中小学学生参与机会差异图

6. 阅读量

通过显著性水平检验，每周阅读时长不同的民办高校学生的参与机会存在显著差异（p=0.000*** < 0.001），学生参与机会均值随着每周阅读时长的增加而上升（图 8-7）。

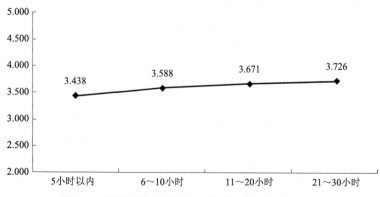

图 8-7 不同阅读时长民办高校学生参与机会差异图

通过显著性水平检验，家中图书册数不同的民办中小学学生的参与机会存在显著差异（p=0.000*** ＜ 0.001），学生参与机会均值随着家中图书册数的增加而上升（图8-8）。

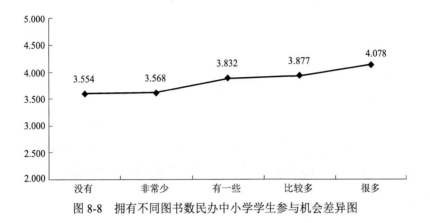

图 8-8 拥有不同图书数民办中小学学生参与机会差异图

7. 家庭经济状况

通过显著性水平检验，相对支出水平不同的民办高校学生的参与机会存在显著差异（p=0.000*** ＜ 0.001）。相对支出很少和很多的学生的参与机会均值较高；支出水平与同学持平的学生的参与机会均值最低；相对支出较少和较多的学生的参与机会均值处于中等水平（图8-9）。

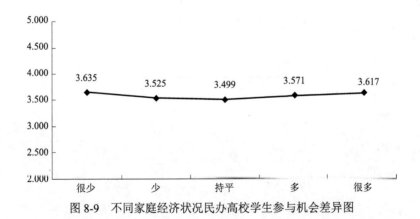

图 8-9 不同家庭经济状况民办高校学生参与机会差异图

通过显著性水平检验，家庭经济条件不同的民办中小学学生的参与机会存在显著差异（p=0.000*** ＜ 0.001）。学生的参与机会均值总体上随着家庭经济条件的提升而升高；家庭很富裕的学生的参与机会水平最高，家庭经济比较困难的学生的参与机会水平最低；家庭经济非常困难和不清楚家庭经济条件的学生的参与机会均值较低（图8-10）。

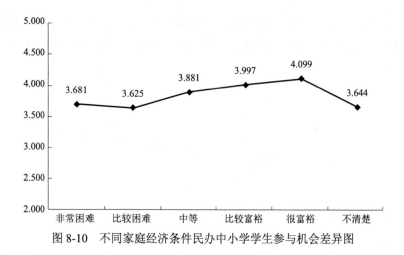

图 8-10　不同家庭经济条件民办中小学生参与机会差异图

8. 办学层次

通过显著性水平检验，不同学校办学层次的民办高校学生的参与机会不存在显著差异（p=0.380 ＞ 0.05）；不同个人就读层次的民办高校学生的参与机会存在显著差异（p=0.006** ＜ 0.01）。

专科 / 高职学生的参与机会均值高于本科及以上层次的学生（图 8-11）。

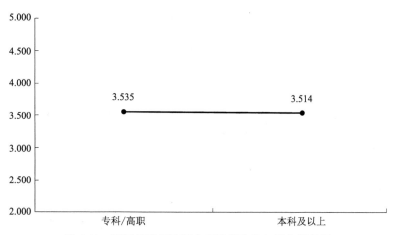

图 8-11　不同就读层次民办高校学生参与机会差异图

9. 专业所属学科

通过显著性水平检验，不同专业所属学科的民办高校学生的参与机会存在显著差异（p=0.000*** ＜ 0.001）。

哲学专业学生的参与机会均值最高，文学、法学专业学生的参与机会均值最低；工学、经济学、管理学、艺术学、理学专业学生的参与机会均值较高；教育学、农学、医学专业学生的参与机会均值较低（图 8-12）。

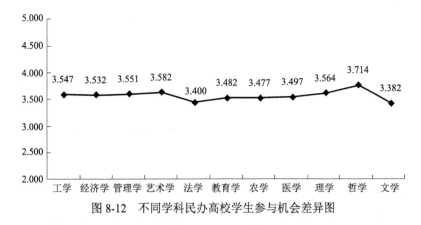

图8-12 不同学科民办高校学生参与机会差异图

10. 专业满意度

通过显著性水平检验，专业满意度不同的民办高校学生的参与机会存在显著差异（$p=0.000*** < 0.001$），学生的参与机会均值随着其专业满意度的上升而上升。

民办高校学生对专业满意度越高参与机会水平越高（图8-13）。

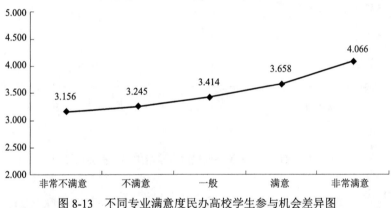

图8-13 不同专业满意度民办高校学生参与机会差异图

11. 学生干部经历

通过显著性水平检验，学生干部经历不同的民办高校学生的参与机会存在显著差异（$p=0.000*** < 0.001$），担任校级、院系级和班级学生干部的学生的参与机会均值高于未担任学生干部的学生。

基层组织学生干部参与机会水平大高于其他类别学生干部，高于无学生干部经历的学生（图8-14）。

12. 每周取酬打工时长

通过显著性水平检验，每周打工时长不同的民办高校学生的参与机会存在显著差异（$p=0.000*** < 0.001$）。总体上，学生的参与机会均值随着每周打工时长的增加而上升。

民办高校学生每周打工时间越长参与机会水平越高（图8-15）。

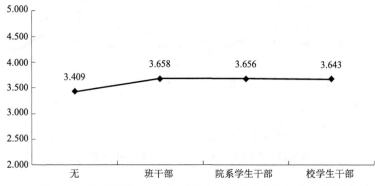

图 8-14　是否有学生干部经历民办高校学生参与机会差异图

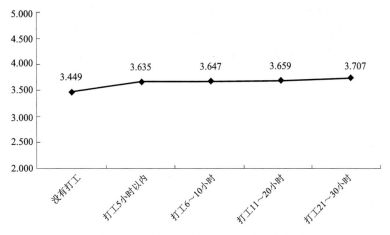

图 8-15　每周打工时长不同民办高校学生参与机会差异图

（三）结论

1）民办高校和民办中小学男生的参与机会高于女生。

2）民办中小学中独生子女学生的参与机会高于非独生子女学生。

3）民办中小学学生的参与机会总体上随着父母学历的升高而增加，但父母学历为专科或本科的学生的参与机会均值略低于父母学历为高中的学生；父母学历为硕士研究生及以上的学生的参与机会均值最高，父母学历为初中及以下的学生的参与机会均值最低。

4）民办高校学生中，父亲职业为各类经理人员、专业技术人员的学生的参与机会均值较高；父亲职业为国家机关事业单位负责人（行政管理人员、单位办事人员）、商业服务人员（个体工作人员、商业服务人员和私营企业主）、农（林、牧、渔）民、无业／失业／半失业和退休人员的学生的参与机会均值处于中等水平；父亲职业为工人、农村进城务工人员和其他的学生的参与机会水平最低。民办中小学学生中，父亲职业为农村进城务工人员的学生参与机会均值最高，父亲退休的学生的参与机会均值最低；父亲职业为国家机关企事业单位负责人（行政管理人员、单位办事人员、各类经理人员）和农（林、牧、渔）民的学生的参与机会均值较高；父亲职业专业技术人员、商业服务人员（个体工作人员、商业服务人员和私营企业主）的学生的参与机会均值处于中等水平；父亲职业为工人、无业/失业/半失业及其他的学生的参与机会均值较低。

5）民办中小学学生的参与机会均值随着年级的上升而降低，小学四年级学生的参与机会均值最高，高中一年级学生的参与机会均值最低。

6）民办高校学生参与机会均值随着每周阅读时长的增加而上升；民办中小学学生参与机会均值随着家中图书册数的增加而上升。

7）民办高校学生中，相对支出很少和很多的学生的参与机会均值较高；支出水平与同学持平的学生的参与机会均值最低；相对支出较少和较多的学生的参与机会均值处于中等水平。民办中小学学生中，学生的参与机会均值总体上随着家庭经济条件的提升而升高；家庭很富裕的学生的参与机会水平最高，家庭经济比较困难的学生的参与机会水平最低；家庭经济非常困难和不清楚家庭经济条件的学生的参与机会均值较低。

8）民办高校学生中，专科/高职学生的参与机会均值高于本科及以上层次的学生。

9）民办高校学生中，哲学专业学生的参与机会均值最高，文学、法学专业学生的参与机会均值最低；工学、经济学、管理学、艺术学、理学专业学生的参与机会均值较高；教育学、农学、医学专业学生的参与机会均值较低。

10）民办高校学生的参与机会均值随着其专业满意度的上升而上升。

11）担任校级、院系级和班级学生干部的民办高校学生的参与机会均值高于未担任学生干部的学生。

12）民办高校学生的参与机会均值随着每周打工时长的增加而上升。

二、认同程度

（一）基本情况

民办学校学生的认同程度水平一般，民办高校学生的均值为3.491，在民办高校学生获得感各维度中最低；民办中小学学生的均值为3.903，在民办中小学学生获得感各维度中偏低。

（二）差异分析

1. 性别

通过显著性水平检验，不同性别民办高校学生的认同程度存在显著差异（$p=0.000$***

＜ 0.001），不同性别民办中小学学生认同程度也存在显著差异（*p*=0.019* ＜ 0.05）。

在不同性别分组比较中，民办高校和民办中小学男生的认同程度高于女生（图 8-16）。

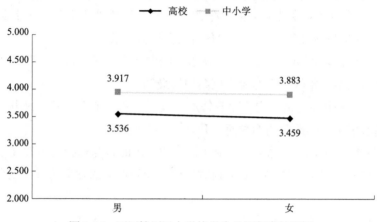

图 8-16 不同性别民办学校学生认同程度差异图

2. 是否独生子女

通过显著性水平检验，独生子女和非独生子女民办高校学生的认同程度不存在显著差异（*p*=0.649 ＞ 0.05），独生子女和非独生子女民办中小学学生认同程度存在显著差异（*p*=0.003** ＜ 0.01）。

在独生子女和非独生子女学生的分组比较中，民办中小学独生子女学生的认同程度高于非独生子女学生（图 8-17）。

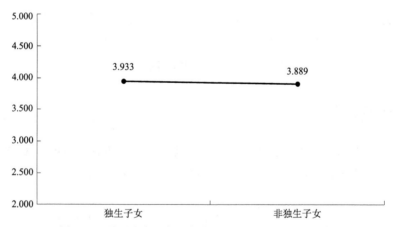

图 8-17 是否独生子女民办中小学学生认同程度差异图

3. 父母最高学历

通过显著性水平检验，父母学历不同的民办高校学生的认同程度不存在显著差异

（p=0.124 ＞ 0.05），父母不同学历的民办中小学学生的认同程度存在显著差异（p=0.000*** ＜ 0.001）。

在父母学历的分组比较中，民办中小学学生的认同程度总体上随着父母学历的升高而上升，但父母学历为专科或本科的学生的认同程度均值略低于父母学历为高中的学生；父母学历为硕士研究生及以上的学生的认同程度均值最高，父母学历为初中及以下的学生的认同程度均值最低（图 8-18）。

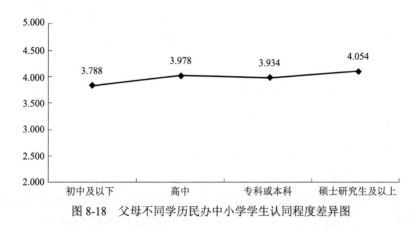

图 8-18　父母不同学历民办中小学学生认同程度差异图

4. 父母职业（以父亲为代表）

通过显著性水平检验，父母职业不同的民办高校学生的认同程度存在显著差异，父母不同职业的民办中小学学生的认同程度也存在显著差异（p=0.000*** ＜ 0.001）。

在民办高校学生父母职业的分组比较中，父亲职业为专业技术人员的学生的认同程度均值最高，父亲职业为其他的学生的认同程度均值最低；父亲职业为国家机关企事业单位负责人（行政管理人员、单位办事人员、各类经理人员）、商业服务人员（个体工作人员、商业服务人员和私营企业主）、农（林、牧、渔）民、无业／失业／半失业和父亲退休的学生的认同程度均值处于中等水平；父亲职业为工人、农村进城务工人员的学生的认同程度水平较低。

在民办中小学学生父母职业的分组比较中，父亲职业为农村进城务工人员的学生认同程度均值最高，父亲无业／失业／半失业的学生的认同程度均值最低；父亲职业为国家机关企事业单位负责人（行政管理人员、单位办事人员、各类经理人员）、专业技术人员、商业服务人员（个体工作人员、商业服务人员和私营企业主）、农（林、牧、渔）民和工人的学生的认同程度均值处于中等水平；父亲职业为退休及其他的学生的认同程度均值较低（图 8-19）。

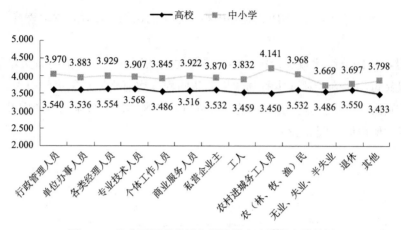

图 8-19 父亲不同职业民办学校学生认同程度差异图

5. 年级

通过显著性水平检验，不同年级的民办高校学生的认同程度存在显著差异，不同年级的民办中小学学生的认同程度也存在显著差异（$p=0.000*** < 0.001$）。

在不同年级分组比较中，民办高校学生的认同程度随年级呈先升后降再上升的趋势，大一学生的认同程度均值最低；大二学生的认同程度均值最高（图 8-20）。

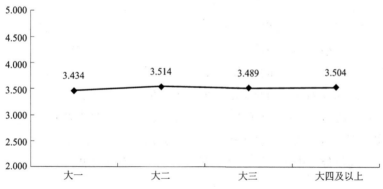

图 8-20 不同年级民办高校学生认同程度差异图

在不同年级分组比较中，民办中小学学生的认同程度均值随着年级的上升而降低，小学四年级学生的认同程度均值最高，高中一年级学生的认同程度均值最低（图 8-21）。

6. 阅读量

通过显著性水平检验，每周阅读时长不同的民办高校学生的认同程度存在显著差异（$p=0.000*** < 0.001$），学生认同程度均值总体上随着每周阅读时长的增加而上升（图 8-22）。

通过显著性水平检验，家中图书册数不同的民办中小学学生的认同程度存在显著差异（p=0.000*** ＜ 0.001），学生认同程度均值随着家中图书册数的增加而上升（图 8-23）。

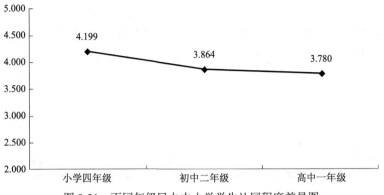

图 8-21　不同年级民办中小学学生认同程度差异图

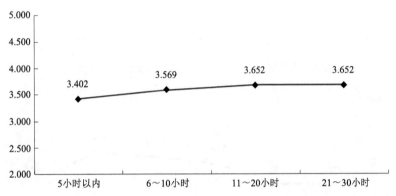

图 8-22　每周阅读时长不同民办高校学生认同程度差异图

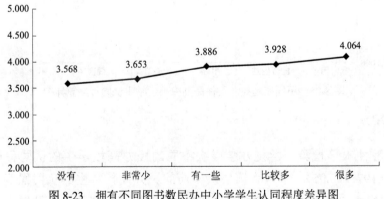

图 8-23　拥有不同图书数民办中小学学生认同程度差异图

7. 家庭经济状况

通过显著性水平检验，相对支出水平不同的民办高校学生的认同程度存在显著差异（p=0.000*** ＜ 0.001）。相对支出很少和很多的学生的认同程度均值较高，相对支出少、持平和多的学生的认同程度较低（图 8-24）。

通过显著性水平检验，不同家庭经济条件的民办中小学学生的认同程度存在显著差异（*p*=0.000*** ＜ 0.001）。学生的认同程度均值总体上随着家庭经济条件的提升而升高；家庭很富裕的学生的认同程度均值最高，家庭经济比较困难的学生的认同程度均值最低；家庭经济非常困难和不清楚家庭经济条件的学生的认同程度均值较低（图 8-25）。

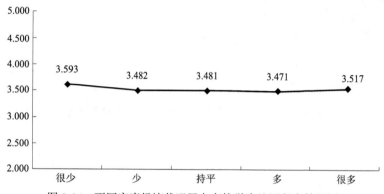

图 8-24　不同家庭经济状况民办高校学生认同程度差异图

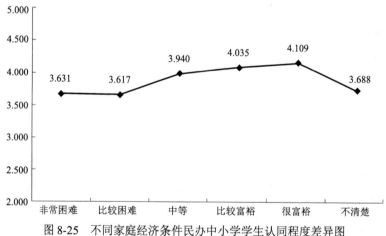

图 8-25　不同家庭经济条件民办中小学学生认同程度差异图

8. 办学层次

通过显著性水平检验，学校办学层次不同的民办高校学生的认同程度不存在显著差异（p=0.197 ＞ 0.05）；个人就读层次不同的民办高校学生的认同程度存在显著差异（*p*=0.000*** ＜ 0.01）。专科 / 高职学生的认同程度均值高于本科及以上层次的学生（图 8-26）。

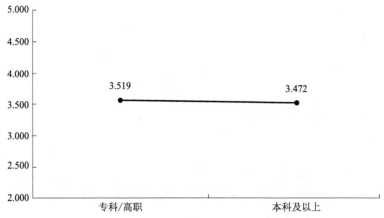

图 8-26 不同就读层次民办高校学生认同程度差异图

9. 专业所属学科

通过显著性水平检验，专业所属学科不同的民办高校学生的认同程度存在显著差异（$p=0.000*** < 0.001$）。

艺术学专业学生的认同程度均值最高，文学、法学专业学生的认同程度均值最低；工学、经济学、管理学、医学、理学、哲学专业学生的认同程度均值较高；教育学、农学专业学生的认同程度均值较低（图 8-27）。

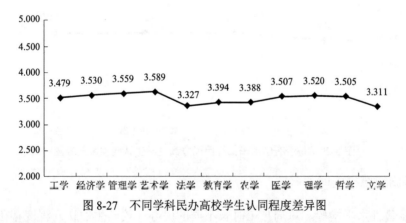

图 8-27 不同学科民办高校学生认同程度差异图

10. 专业满意度

通过显著性水平检验，专业满意度不同的民办高校学生的认同程度存在显著差异（$p=0.000*** < 0.001$），学生的认同程度均值随着其专业满意度的上升而上升（图 8-28）。

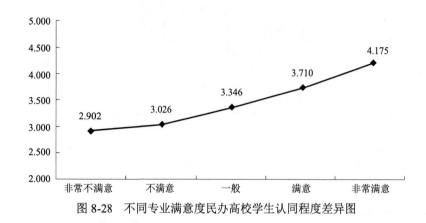

图 8-28　不同专业满意度民办高校学生认同程度差异图

11. 学生干部经历

通过显著性水平检验，学生干部经历不同的民办高校学生的认同程度存在显著差异（p=0.000*** < 0.001），担任校级、院系级和班级学生干部的学生的认同程度均值高于未担任学生干部的学生（图 8-29）。

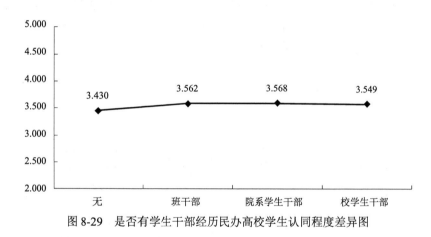

图 8-29　是否有学生干部经历民办高校学生认同程度差异图

12. 每周取酬打工时长

通过显著性水平检验，每周打工时长不同的民办高校学生的认同程度存在显著差异（p=0.000*** < 0.001）。总体上，学生的认同程度均值随着每周打工时长的增加而上升（图 8-30）。

（三）结论

1）民办高校和民办中小学男生的认同程度高于女生。

2）民办中小学独生子女学生的认同程度高于非独生子女学生。

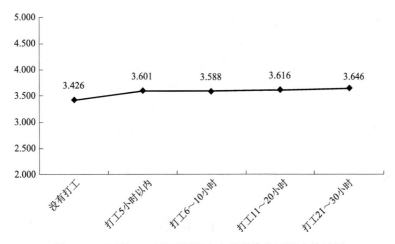

图 8-30　每周打工时长不同民办高校学生认同程度差异图

3）民办中小学学生的认同程度总体上随着父母学历的升高而上升，但父母学历为专科或本科的学生的认同程度均值略低于父母学历为高中的学生；父母学历为硕士研究生及以上的学生的认同程度均值最高，父母学历为初中及以下的学生的认同程度均值最低。

4）民办高校学生中，父亲职业为专业技术人员的学生的认同程度均值最高，父亲职业为其他的学生的认同程度均值最低；父亲职业为国家机关企事业单位负责人（行政管理人员、单位办事人员、各类经理人员）、商业服务人员（个体工作人员、商业服务人员和私营企业主）、农（林、牧、渔）民、无业/失业/半失业和父亲退休的学生的认同程度均值处于中等水平；父亲职业为工人、农村进城务工人员的学生的认同程度水平较低。民办中小学学生中，父亲职业为农村进城务工人员的学生认同程度均值最高，父亲无业/失业/半失业的学生的认同程度均值最低；父亲职业为国家机关企事业单位负责人（行政管理人员、单位办事人员、各类经理人员）、专业技术人员、商业服务人员（个体工作人员、商业服务人员和私营企业主）、农（林、牧、渔）民和工人的学生的认同程度均值处于中等水平；父亲职业为退休及其他的学生的认同程度均值较低。

5）民办高校学生的认同程度随年级呈先升后降再上升的趋势，大一学生的认同程度均值最低；大二学生的认同程度均值最高。民办中小学学生的认同程度均值随着年级的上升而降低，小学四年级学生的认同程度均值最高，高中一年级学生的认同程度均值最低。

6）民办高校学生认同程度均值总体上随着每周阅读时长的增加而上升；民办中小学学生认同程度均值随着家中图书册数的增加而上升。

7）民办高校学生中，相对支出很少和很多的学生的认同程度均值较高，相对支出少、持平和多的学生的认同程度较低。民办中小学学生中，学生的认同程度均值总体上随着家庭经济条件的提升而升高；家庭很富裕的学生的认同程度均值最高，家庭经济比较困难的学生的认同程度均值最低；家庭经济非常困难和不清楚家庭经济条件的学生的认同程度均值较低。

8）民办高校学生中，专科／高职学生的认同程度均值高于本科及以上层次的学生。

9）民办高校学生中，艺术学专业学生的认同程度均值最高，文学、法学专业学生的认同程度均值最低；工学、经济学、管理学、医学、理学、哲学专业学生的认同程度均值较高；教育学、农学专业学生的认同程度均值较低。

10）民办高校学生的认同程度均值随着其专业满意度的上升而上升。

11）担任校级、院系级和班级学生干部的民办高校学生的认同程度均值高于未担任学生干部的学生。

12）民办高校学生的认同程度均值随着每周打工时长的增加而上升。

三、成就水平

（一）基本情况

民办学校学生的成就水平较高，民办高校学生的成就水平均值为 3.795，在民办高校学生获得感各维度中较高；民办中小学学生的成就水平均值为 4.111，在民办中小学学生获得感各维度中最高。

（二）差异分析

1. 性别

通过显著性水平检验，不同性别民办高校学生的成就水平存在显著差异（$p=0.000*** < 0.001$），不同性别民办中小学学生成就水平也存在显著差异（$p=0.021* < 0.05$）。

在不同性别分组比较中，民办高校和民办中小学女生的成就水平高于男生（图 8-31）。

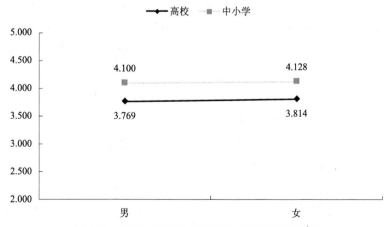

图 8-31　不同性别民办学校学生成就水平差异图

2. 是否独生子女

通过显著性水平检验，独生子女和非独生子女民办高校学生的成就水平存在显著差异（$p=0.000^{***} < 0.001$），独生子女和非独生子女民办中小学学生成就水平不存在显著差异（$p=0.265 > 0.05$）。

在独生子女和非独生子女学生的分组比较中，非独生子女民办高校学生的成就水平高于独生子女学生（图 8-32）。

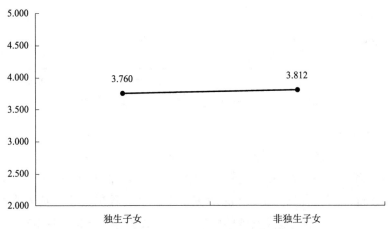

图 8-32　是否独生子女民办高校学生成就水平差异图

3. 父母最高学历

通过显著性水平检验，父母学历不同的民办高校学生的成就水平不存在显著差异（$p=0.056 > 0.05$），父母学历不同的民办中小学学生的成就水平存在显著差异（$p=0.000^{***} < 0.001$）。

在父母学历的分组比较中，民办中小学学生的成就水平总体上随着父母学历的升高而上升，但父母学历为专科或本科的学生的成就水平均值略低于父母学历为高中的学生；父母学历为硕士研究生及以上的学生的成就水平均值最高，父母学历为初中及以下的学生的成就水平均值最低（图 8-33）。

4. 父母职业（以父亲为代表）

通过显著性水平检验，父母职业不同的民办高校学生的成就水平存在显著差异，父母职业不同的民办中小学学生的成就水平也存在显著差异（$p=0.000^{***} < 0.001$）。

在民办高校学生父母职业的分组比较中，父亲职业为专业技术人员、各类经理人员、农（林、牧、渔）民、无业/失业/半失业的学生的成就水平均值较高，父亲职业为国家机关事业单位负责人（行政管理人员、单位办事人员）、商业服务人员（个体工作人员、商业服务人员和私营企业主)、进城务工人员和父亲退休的学生的成就水平均值处于中等水平, 父亲职业为其他的学生的成就水平最低。

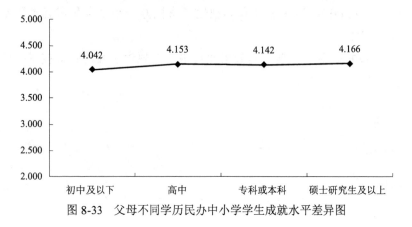

图 8-33　父母不同学历民办中小学学生成就水平差异图

在民办中小学学生父母职业的分组比较中, 父亲职业为农村进城务工人员的学生成就水平均值最高, 父亲退休的学生的成就水平均值最低; 父亲职业为国家机关企事业单位负责人 (行政管理人员、单位办事人员、各类经理人员)、商业服务人员 (个体工作人员、商业服务人员和私营企业主)、工人和农 (林、牧、渔) 民的学生的成就水平均值较高; 父亲职业为无业 / 失业 / 半失业及其他的学生的成就水平均值较低 (图 8-34)。

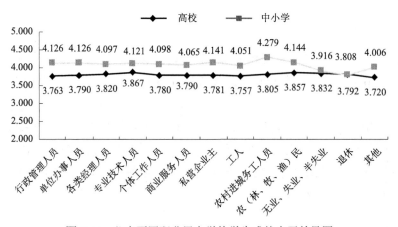

图 8-34　父亲不同职业民办学校学生成就水平差异图

5. 年级

通过显著性水平检验, 不同年级的民办高校学生的成就水平存在显著差异 (p=0.000*** < 0.001), 不同年级的民办中小学学生的成就水平不存在显著差异 (p= 0.469 > 0.05)。

在不同年级分组比较中，民办高校学生的成就水平呈先上升后下降的趋势，大二年级学生的成就水平均值最高，大一年级学生的成就水平均值最低（图8-35）。

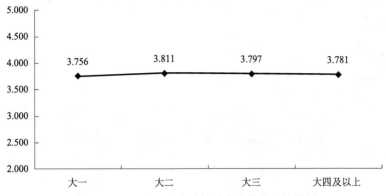

图8-35 不同年级民办高校学生成就水平差异图

在不同年级的分组比较中，民办中小学学生的成就水平均值随着年级的上升而降低，小学四年级学生的成就水平均值最高，高中一年级学生的成就水平均值最低（图8-36）。

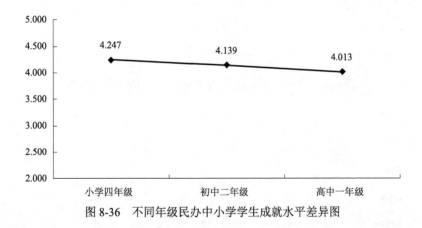

图8-36 不同年级民办中小学学生成就水平差异图

6.阅读量

通过显著性水平检验，每周阅读时长不同的民办高校学生的成就水平存在显著差异（p=0.000*** ＜ 0.001），学生成就水平均值随着每周阅读时长的增加而上升（图8-37）。

通过显著性水平检验，家中图书册数不同的民办中小学学生的成就水平存在显著差异（p=0.000*** ＜ 0.001），学生成就水平均值随着家中图书册数的增加而上升（图8-38）。

7.家庭经济状况

通过显著性水平检验，相对支出水平不同的民办高校学生的成就水平存在显著差异（p=0.018* ＜ 0.01），学生的成就水平随着相对支出水平的上升而降低（图8-39）。

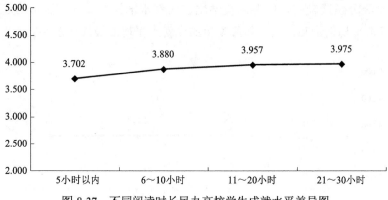

图 8-37　不同阅读时长民办高校学生成就水平差异图

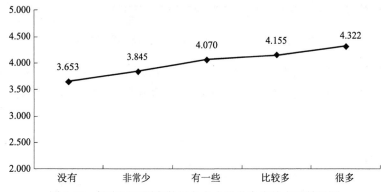

图 8-38　拥有不同图书数民办中小学学生成就水平差异图

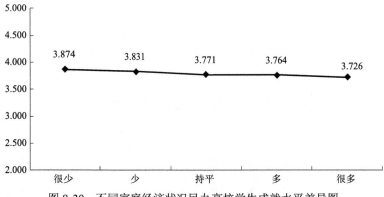

图 8-39　不同家庭经济状况民办高校学生成就水平差异图

通过显著性水平检验，家庭经济条件不同的民办中小学学生的成就水平存在显著差异（p=0.000*** < 0.001）。学生的成就水平均值总体上随着家庭经济条件的提升而升高；家庭比较富裕的学生的成就水平均值最高，家庭经济非常困难的学生的成就水平均值最低；家庭经济比较困难和不清楚家庭经济条件的学生的成就水平均值较低（图 8-40）。

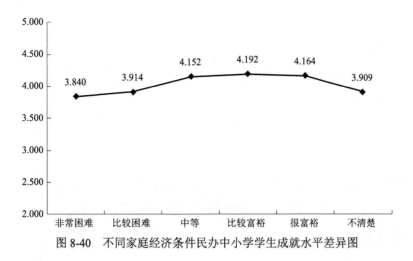

图 8-40 不同家庭经济条件民办中小学学生成就水平差异图

8. 办学层次

通过显著性水平检验，学校办学层次不同的民办高校学生的成就水平存在显著差异；个人就读层次不同的民办高校学生的成就水平也存在显著差异（$p=0.000*** < 0.001$）。

本科及以上办学层次学校的学生成就水平高于专科/高职办学层次学校的学生；本科及以上层次的学生的成就水平均值高于专科/高职学生（图 8-41）。

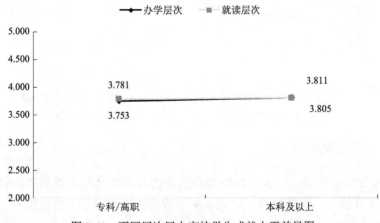

图 8-41 不同层次民办高校学生成就水平差异图

9. 专业所属学科

通过显著性水平检验，专业所属学科不同的民办高校学生的成就水平存在显著差异（$p=0.000*** < 0.001$）。

艺术学专业学生的成就水平均值最高，法学专业学生的成就水平均值最低；经济学、管理学、教育学、医学、哲学专业学生的成就水平均值较高；工学、农学、理学、文学专业学生的成就水平均值较低（图 8-42）。

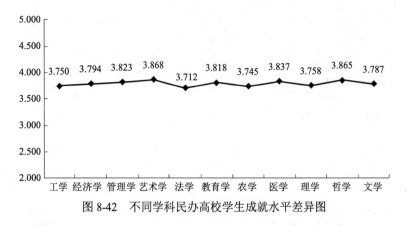

图 8-42　不同学科民办高校学生成就水平差异图

10. 专业满意度

通过显著性水平检验，专业满意度不同的民办高校学生的成就水平存在显著差异（p=0.000*** ＜ 0.001），学生的成就水平均值随着其专业满意度的上升而上升（图 8-43）。

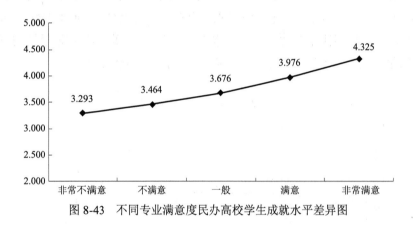

图 8-43　不同专业满意度民办高校学生成就水平差异图

11. 学生干部经历

通过显著性水平检验，学生干部经历不同的民办高校学生的成就水平存在显著差异（p=0.000*** ＜ 0.001），担任校级、院系级和班级学生干部的学生的成就水平均值高于未担任学生干部的学生（图 8-44）。

12. 每周取酬打工时长

通过显著性水平检验，每周打工时长不同的民办高校学生的成就水平存在显著差异（p=0.000*** ＜ 0.001）。总体上，学生的成就水平均值随着每周打工时长的增加而上升（图 8-45）。

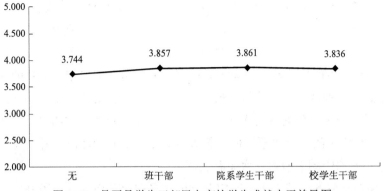

图 8-44　是否是学生干部民办高校学生成就水平差异图

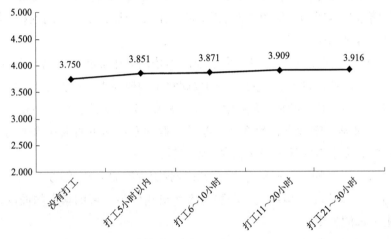

图 8-45　每周打工时长不同民办高校学生成就水平差异图

（三）结论

1）民办高校和民办中小学女生的成就水平高于男生。

2）非独生子女民办高校学生的成就水平高于独生子女学生。

3）民办中小学学生的成就水平总体上随着父母学历的升高而上升，但父母学历为专科或本科的学生的成就水平均值略低于父母学历为高中的学生；父母学历为硕士研究生及以上的学生的成就水平均值最高，父母学历为初中及以下的学生的成就水平均值最低。

4）民办高校学生中，父亲职业为专业技术人员、各类经理人员、农（林、牧、渔）民、无业/失业/半失业的学生的成就水平均值较高，父亲职业为国家机关事业单位负责人（行政管理人员、单位办事人员）、商业服务人员（个体工作人员、商业服务人员和私营企业主）、进城务工人员和父亲退休的学生的成就水平均值处于中等水平，父亲职业为其他的学生的成就水平最低。民办中小学学生中，父亲职业为农村进城务工人员的学生成就水平均值最高，父亲退休的学生的成就水平均值最低；父亲职业为国家机关企事业单位负责人（行政管理人员、单位办事人员、各类经理人员）、商业服务人员（个体工作人员、商业服务人员和私营企业主）、工人和农（林、牧、渔）民的学生的成就水平均值较高；父亲职业为无业／失业／半失业及其他的学生的成就水平均值较低。

5）民办高校学生的成就水平呈先上升后下降的趋势，大二年级学生的成就水平均值最高，大一年级学生的成就水平均值最低。民办中小学学生的成就水平均值随着年级的上升而降低，小学四年级学生的成就水平均值最高，高中一年级学生的成就水平均值最低。

6）民办高校学生的成就水平均值随着每周阅读时长的增加而上升；民办中小学学生成就水平均值随着家中图书册数的增加而上升。

7）民办高校学生的成就水平随着相对支出水平的上升而降低。民办中小学学生的成就水平均值总体上随着家庭经济条件的提升而升高；家庭比较富裕的学生的成就水平均值最高，家庭经济非常困难的学生的成就水平均值最低；家庭经济比较困难和不清楚家庭经济条件的学生的成就水平均值较低。

8）民办高校学生中，本科及以上办学层次学校的学生成就水平高于专科／高职办学层次学校的学生；本科及以上层次的学生的成就水平均值高于专科／高职学生。

9）民办高校学生中，艺术学专业学生的成就水平均值最高，法学专业学生的成就水平均值最低；经济学、管理学、教育学、医学、哲学专业学生的成就水平均值较高；工学、农学、理学、文学专业学生的成就水平均值较低。

10）民办高校学生的成就水平均值随着其专业满意度的上升而上升。

11）民办高校学生中，担任校级、院系级和班级学生干部的学生的成就水平均值高于未担任学生干部的学生。

12）民办高校学生的成就水平均值随着每周打工时长的增加而上升。

四、满足状况

（一）基本情况

民办学校学生的满足状况良好，民办高校学生的均值为 3.820，在民办高校学生获得感各维度中最高；民办中小学学生的均值为 4.092，在民办中小学学生获得感各维度中较高。

（二）差异分析

1. 性别

通过显著性水平检验，不同性别民办高校学生的满足状况存在显著差异（$p=0.000^{***} < 0.001$），不同性别民办中小学学生满足状况不存在显著差异（$p=0.071 > 0.05$）。

在不同性别分组比较中，民办高校和民办中小学女生的满足状况高于男生（图8-46）。

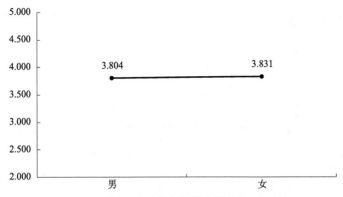

图 8-46　不同性别民办高校学生满足状况差异图

2. 是否独生子女

通过显著性水平检验，独生子女和非独生子女民办高校学生的满足状况存在显著差异（p=0.000*** < 0.001），独生子女和非独生子女民办中小学学生满足状况不存在显著差异（p=0.414 > 0.05）。

在独生子女和非独生子女学生的分组比较中，非独生子女民办高校学生的满足状况高于独生子女学生（图8-47）。

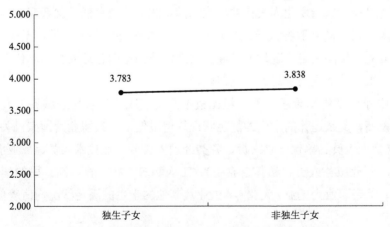

图 8-47　是否独生子女民办高校学生满足状况差异图

3. 父母最高学历

通过显著性水平检验，父母学历不同的民办高校学生的满足状况不存在显著差异（p=0.077 > 0.05），父母学历不同的民办中小学学生的满足状况存在显著差异（p=0.000*** < 0.001）。

在父母学历的分组比较中，民办中小学学生的满足状况总体上随着父母学历的升高而上升，但父母学历为专科或本科的学生的满足状况均值略低于父母学历为高中的学生；父母学历为高中的学生的满足状况均值最高，父母学历为初中及以下的学生的满足状况均值最低（图8-48）。

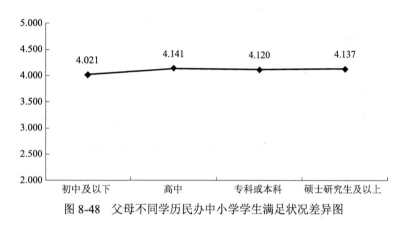

图8-48　父母不同学历民办中小学学生满足状况差异图

4. 父母职业（以父亲为代表）

通过显著性水平检验，父母职业不同的民办高校学生的满足状况存在显著差异，父母职业不同的民办中小学学生的满足状况也存在显著差异（$p=0.000*** < 0.001$）。

在民办高校学生父母职业的分组比较中，父亲职业为农（林、牧、渔）民的学生的满足状况均值最高，父亲职业为其他的学生的满足状况均值最低；父亲职业为各类经理人员、专业技术人员、商业服务人员、私营企业主、农村进城务工人员、无业／失业／半失业和退休人员的学生的满足状况均值较高；父亲职业为行政管理人员、单位办事人员、个体工作人员、工人的学生的满足状况均值较低。

在民办中小学学生父母职业的分组比较中，父亲职业为农村进城务工人员的学生满足状况均值最高，父亲退休的学生的满足状况均值最低；父亲职业为国家机关企事业单位负责人（行政管理人员、单位办事人员、各类经理人员）专业技术人员、商业服务人员（个体工作人员、商业服务人员和私营企业主）、工人和农（林、牧、渔）民的学生的满足状况均值较高；父亲职业为无业／失业／半失业及其他的学生的满足状况均值较低（图8-49）。

5. 年级

通过显著性水平检验，不同年级的民办高校学生的满足状况存在显著差异（$p=0.001*** < 0.01$），不同年级的民办中小学学生的满足状况也存在显著差异（$p=0.015* < 0.05$）。

在不同年级的分组比较中，民办高校学生的满足状况均值随年级先上升后下降，大三年级学生的满足状况均值最高，大一年级学生的满足状况均值最低（图8-50）。

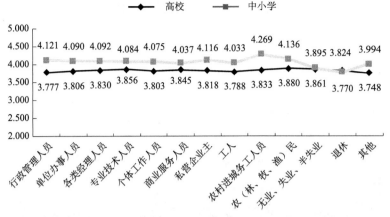

图 8-49 父亲不同职业民办学校学生满足状况差异图

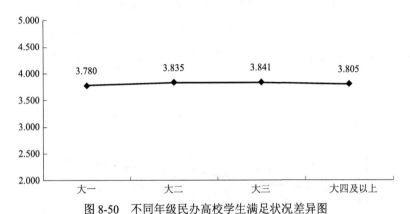

图 8-50 不同年级民办高校学生满足状况差异图

在不同年级分组比较中，民办中小学学生的满足状况均值随着年级的上升而降低，小学四年级学生的满足状况均值最高，高中一年级学生的满足状况均值最低（图 8-51）。

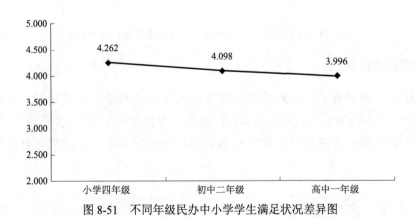

图 8-51 不同年级民办中小学学生满足状况差异图

6. 阅读量

通过显著性水平检验，每周阅读时长不同的民办高校学生的满足状况存在显著差异

（*p*=0.000*** ＜ 0.001），学生满足状况均值随着每周阅读时长的增加而上升（图 8-52）。

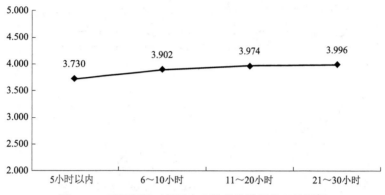

图 8-52　不同阅读时长民办高校学生满足状况差异图

通过显著性水平检验，家中图书册数不同的民办中小学学生的满足状况存在显著差异（*p*=0.000*** ＜ 0.001），学生满足状况均值随着家中图书册数的增加而上升（图 8-53）。

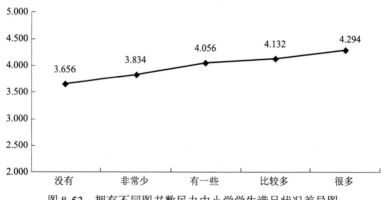

图 8-53　拥有不同图书数民办中小学学生满足状况差异图

7. 家庭经济状况

通过显著性水平检验，相对支出水平不同的民办高校学生的满足状况存在显著差异（*p*=0.001*** ＜ 0.001）。总体上，学生的满足状况随着相对支出水平的上升而下降，相对支出很少的学生的满足状况均值较高；相对支出很多的学生的满足状况均值最低（图 8-54）。

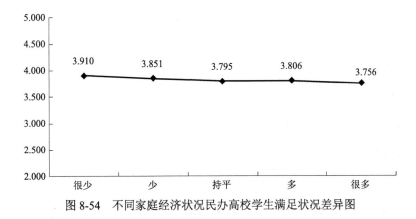

图 8-54 不同家庭经济状况民办高校学生满足状况差异图

通过显著性水平检验，家庭经济条件不同的民办中小学学生的满足状况存在显著差异（p=0.000*** < 0.001）。学生的满足状况均值总体上随着家庭经济条件的提升而升高；家庭比较富裕的学生的满足状况水平最高，家庭经济非常困难的学生的满足状况水平最低；家庭经济比较困难和不清楚家庭经济条件的学生的满足状况均值较低（图 8-55）。

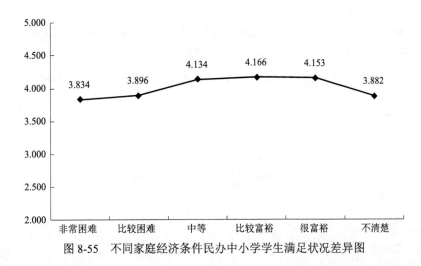

图 8-55 不同家庭经济条件民办中小学学生满足状况差异图

8. 办学层次

通过显著性水平检验，学校办学层次不同的民办高校学生的满足状况存在显著差异（p=0.000*** < 0.001）；个人就读层次不同的民办高校学生的满足状况存在显著差异（p=0.001*** < 0.01）。

本科及以上办学层次学校的学生成就水平高于专科/高职办学层次学校的学生；本科及以上层次的学生的成就水平均值高于专科/高职学生（图 8-56）。

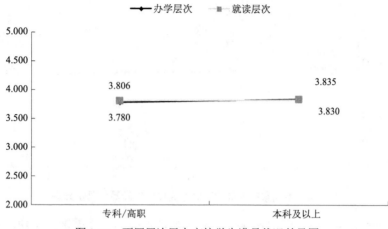

图 8-56　不同层次民办高校学生满足状况差异图

9. 专业所属学科

通过显著性水平检验，专业所属学科不同的民办高校学生的满足状况存在显著差异（$p=0.000^{***} < 0.001$）。

艺术学专业学生的满足状况均值最高，法学专业学生的满足状况均值最低；经济学、管理学、教育学、医学、哲学专业学生的满足状况均值较高；工学、理学、文学专业学生的满足状况均值处于中等水平，农学专业学生的满足状况均值较低（图 8-57）。

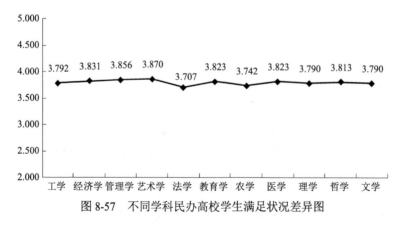

图 8-57　不同学科民办高校学生满足状况差异图

10. 专业满意度

通过显著性水平检验，专业满意度不同的民办高校学生的满足状况存在显著差异（$p=0.000^{***} < 0.001$），学生的满足状况均值随着其专业满意度的上升而上升（图 8-58）。

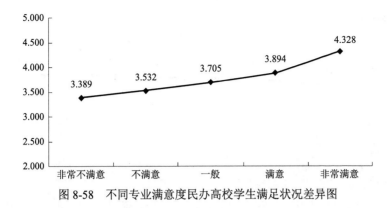

图 8-58 不同专业满意度民办高校学生满足状况差异图

11. 学生干部经历

通过显著性水平检验，学生干部经历不同的民办高校学生的满足状况存在显著差异（$p=0.000^{***} < 0.001$），担任校级、院系级和班级学生干部的学生的满足状况均值高于未担任学生干部的学生（图 8-59）。

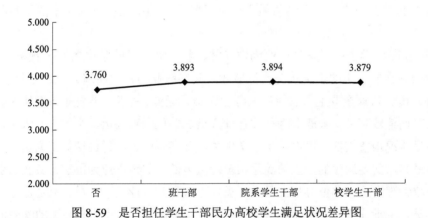

图 8-59 是否担任学生干部民办高校学生满足状况差异图

12. 每周取酬打工时长

通过显著性水平检验，每周打工时长不同的民办高校学生的满足状况存在显著差异（$p=0.000^{***} < 0.001$）。总体上，学生的满足状况均值随着每周打工时长的增加而上升（图 8-60）。

（三）结论

1）民办高校和民办中小学女生的满足状况高于男生。
2）非独生子女民办高校学生的满足状况高于独生子女学生。

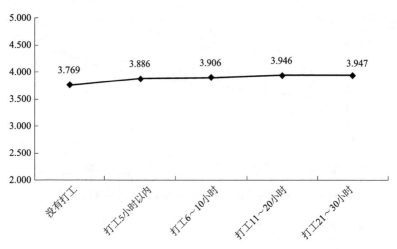

图 8-60　每周打工时长不同民办高校学生满足状况差异图

3）民办中小学学生的满足状况总体上随着父母学历的升高而上升，但父母学历为专科或本科的学生的满足状况均值略低于父母学历为高中和硕士研究生及以上的学生；父母学历为高中的学生的满足状况均值最高，父母学历为初中及以下的学生的满足状况均值最低。

4）民办高校学生中，父亲职业为农（林、牧、渔）民的学生的满足状况均值最高，父亲职业为其他的学生的满足状况均值最低；父亲职业为各类经理人员、专业技术人员、商业服务人员、私营企业主、农村进城务工人员、无业／失业／半失业和退休人员的学生的满足状况均值较高；父亲职业为行政管理人员、单位办事人员、个体工作人员、工人的学生的满足状况均值较低。民办中小学学生中，父亲职业为农村进城务工人员的学生满足状况均值最高，父亲退休的学生的满足状况均值最低；父亲职业为国家机关企事业单位负责人（行政管理人员、单位办事人员、各类经理人员）专业技术人员、商业服务人员（个体工作人员、商业服务人员和私营企业主）、工人和农（林、牧、渔）民的学生的满足状况均值较高；父亲职业为无业／失业／半失业及其他的学生的满足状况均值较低。

5）民办高校学生的满足状况均值随年级先上升后下降，大三年级学生的满足状况均值最高，大一年级学生的满足状况均值最低。民办中小学学生的满足状况均值随着年级的上升而降低，小学四年级学生的满足状况均值最高，高中一年级学生的满足状况均值最低。

6）民办高校学生满足状况均值随着每周阅读时长的增加而上升；民办中小学学生满足状况均值随着家中图书册数的增加而上升。

7）民办高校学生的满足状况随着相对支出水平的上升而下降，相对支出很少的学生的满足状况均值较高；相对支出很多的学生的满足状况均值最低。民办中小学学生的满足状况均值总体上随着家庭经济条件的提升而升高；家庭比较富裕的学生的满足状况水平最高，家庭经济非常困难的学生的满足状况水平最低；家庭经济比较困难和不清楚家庭经济条件的学生的满足状况均值较低。

8）民办高校学生中，本科及以上办学层次学校的学生成就水平高于专科／高职办学层次学校的学生；本科及以上层次的学生的成就水平均值高于专科／高职学生。

9）民办高校学生中，艺术学专业学生的满足状况均值最高，法学专业学生的满足状况均值最低；经济学、管理学、教育学、医学、哲学专业学生的满足状况均值较高；工学、理学、文学专业学生的满足状况均值处于中等水平，农学专业学生的满足状况均值较低。

10）民办高校学生的满足状况均值随着其专业满意度的上升而上升。

11）民办高校学生中，校级、院系级和班级学生干部的学生的满足状况均值高于未担任学生干部的学生。

12）民办高校学生的满足状况均值随着每周打工时长的增加而上升。

第九章　情绪智力

内容提要

　　本章通过调查全国东、中、西部民办高校、民办中小学学生的情绪智力情况，运用数据和图形展示了的民办学校学生自我评价、他人评价、情绪运用和情绪管理的发展情况。

　　情绪智力是指觉知和表达情绪，情绪促进思维，理解情绪和情绪知识，以及有效调控情绪并促进情绪认知的能力。[①]

　　学生个人情绪智力是指学生具有认知、理解和管理情绪，并能够运用情绪促进思考的能力。学生情绪智力分为 4 个测量指标，分别是自我评价、他人评价、情绪运用和情绪管理。民办学校样本中学生自我评价均值最高，高校学生为 3.988，中小学学生为 3.942；学生情绪管理均值最低，高校学生为 3.841，中小学学生为 3.726。总体上，民办高校学生情绪智力普遍高于民办中小学学生（图 9-1）。

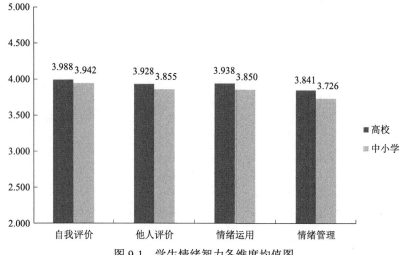

图 9-1　学生情绪智力各维度均值图

---

　　① Mayer J D, Salovey P. What is emotional intelligence? In Salovey P, Sluyter D（Eds）. Emotional Development and Emotional Intelligence：Educational Implications[M]. New York: Basic Books, 1977：3-34.

民办学校学生自我评价状况良好，民办高校的均值为3.942，民办中小学学生的均值为3.988，在学生情绪智力各维度中均值最高。

一、自我评价

（一）基本情况

自我评价是指对自己内在情绪状态的推测，它依赖于个体情绪认知线索的知识、情境和情绪表现关系的知识、预测情绪反应结果的知识、情绪自我控制策略的知识等。

（二）差异分析

1. 性别

通过显著性水平检验，不同性别民办高校学生自我评价存在显著差异（$p < 0.001$），不同性别民办中小学学生自我评价存在显著差异（$p < 0.05$）（表9-1）。

表9-1 性别对民办学校学生自我评价差异显著水平表

影响因素		高校		中小学	
		平均值	p	平均值	p
性别	男	3.957	0.000***	4.000	0.014*
	女	3.932		3.970	

不同性别分组比较中，男生自我评价水平明显高于女生（图9-2）。

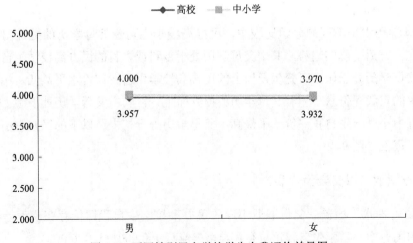

图9-2 不同性别民办学校学生自我评价差异图

2. 是否独生子女

通过显著性水平检验，家庭子女状况不同的民办高校学生自我评价存在显著差异（$p=0.000*** < 0.001$），家庭子女状况不同的民办中小学学生自我评价存在显著差异（$p=0.001*** < 0.01$）。

在是否独生子女分组比较中，是独生子女的民办高校学生自我评价水平明显低于非独生子女的学生，民办中小学情况则相反（图9-3）。

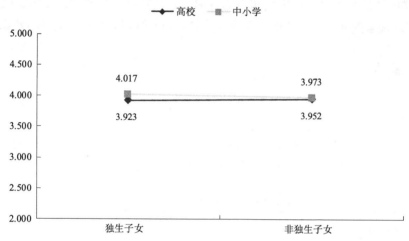

图 9-3　是否独生子女民办学校学生自我评价差异图

3. 父母最高学历

通过显著性水平检验，父母学历水平不同的民办高校学生自我评价存在显著差异（$p=0.022* < 0.05$），父母学历水平不同的民办中小学学生自我评价存在显著差异（$p=0.000*** < 0.001$）。

在父母学历水平不同的分组比较中，民办高校学生随着父母学历的提升出现了自我评价水平先上升后下降的趋势，其中父母学历处于专科或本科的民办高校学生自我评价水平最高，父母学历处于硕士研究生及以上的民办高校学生自我评价水平最低。相反，民办中小学学生的自我评价水平随着父母学历的提升而上升，其中父母学历处于硕士研究生及以上的民办中小学学生自我评价水平最高，父母学历处于初中及以下的民办中小学学生自我评价水平最低（图9-4）。

4. 父母职业（以父亲为代表）

通过显著性水平检验，父母职业不同的民办高校学生自我评价存在显著差异，父母职业不同的民办中小学学生自我评价存在显著差异（$p=0.000*** < 0.001$）。

在父母职业不同的分组比较中，父亲无业、失业、半失业的民办高校学生的自我评价水平最高，父亲为行政管理人员的民办高校学生的自我评价水平最低；父亲为农村进城务工人员的民办中小学学生自我评价水平最高，父亲退休的民办中小学学生的自我评价水平最低（图9-5）。

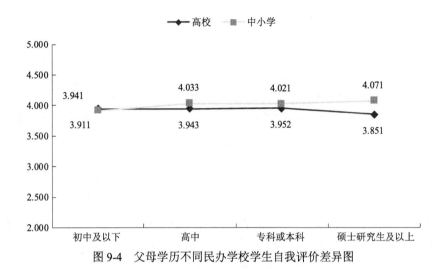

图9-4　父母学历不同民办学校学生自我评价差异图

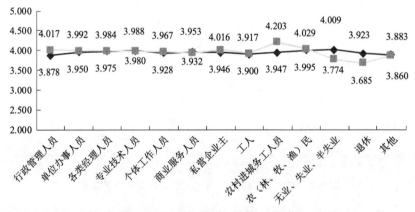

图9-5　父亲职业不同民办学校学生自我评价差异图

5. 年级

通过显著性水平检验，不同年级民办高校学生自我评价差异不显著（$p=0.146 > 0.05$），不同年级民办中小学学生自我评价存在显著差异（$p=0.004** < 0.01$）。

在不同年级的分组比较中，民办中小学学生的自我评价随着年级的升高而下降。小学四年级的学生自我评价最高，高中一年级的学生自我评价最低（图9-6）。

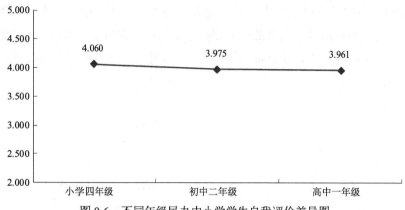

图 9-6 不同年级民办中小学学生自我评价差异图

6. 阅读量

通过显著性水平检验，每周阅读时长不同的民办高校学生自我评价存在显著差异（$p=0.000*** < 0.001$）。

在不同阅读时间分组比较中，民办高校学生自我评价水平随着每周阅读时长的累积而上升（图 9-7）。

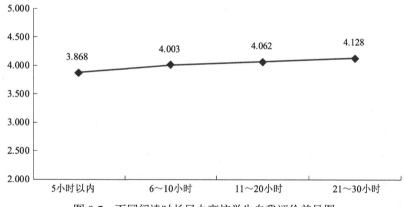

图 9-7 不同阅读时长民办高校学生自我评价差异图

通过显著性水平检验，不同家庭藏书量的民办中小学学生自我评价存在显著差异（$p=0.000*** < 0.001$）。

在不同家庭藏书量的比较中，民办中小学学生的自我评价水平随着家中藏书量的增加而上升（图 9-8）。

7. 家庭经济状况

通过显著性水平检验，相对支出水平不同的民办高校学生自我评价存在显著差异（$p=0.000*** < 0.001$）。

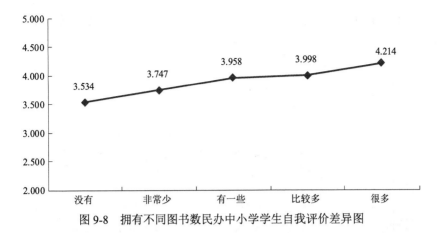

图 9-8　拥有不同图书数民办中小学学生自我评价差异图

在不同相对支出水平分组比较中，随着相对支出水平的提高出现了自我评价水平先下降后上升的趋势，其中相对同学支出很少的民办高校学生的自我评价水平最高，相对同学支出水平持平的民办高校学生的自我评价水平最低（图 9-9）。

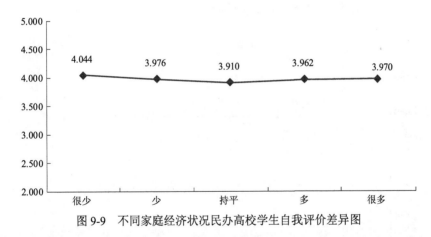

图 9-9　不同家庭经济状况民办高校学生自我评价差异图

通过显著性水平检验，不同家庭经济条件的民办中小学学生自我评价存在显著差异（p=0.000*** ＜ 0.001）

在不同家庭经济条件分组比较中，随着家庭经济条件的提升出现了民办中小学学生自我评价水平先下降后上升的趋势，其中家庭很富裕的民办中小学学生自我评价水平最高，不清楚家庭经济情况的学生自我评价水平最低（图 9-10）。

8. 办学层次

通过显著性水平检验，不同学校办学层次民办高校学生自我评价存在显著差异（p=0.022* ＜ 0.05），不同个人就读层次民办高校学生自我评价差异不显著（p=0.081 ＞ 0.05）。

不同学校办学层次分组比较中，民办高校学生自我评价水平随着学校办学层次的提升而上升；本科及以上办学层次的学生自我评价较高，专科／高职办学层次的学生自我评价较低（图 9-11）。

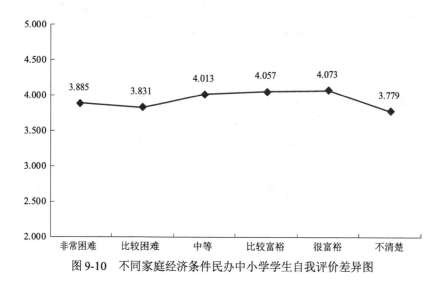

图 9-10　不同家庭经济条件民办中小学学生自我评价差异图

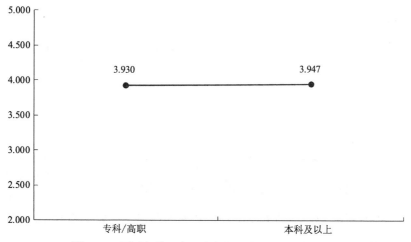

图 9-11　不同办学层次民办高校学生自我评价差异图

9. 专业所属学科

通过显著性水平检验，所属学科不同的民办高校学生自我评价存在显著差异（$p=0.000^{***} < 0.001$）。

在不同所属学科分组比较中，法学专业的民办高校学生自我评价均值最低，哲学专业的民办高校学生自我评价均值最高（图 9-12）。

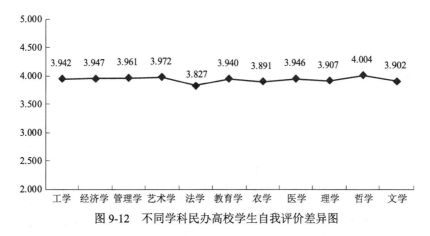

图 9-12 不同学科民办高校学生自我评价差异图

10. 专业满意度

通过显著性水平检验，不同专业满意度民办高校学生自我评价存在显著差异（$p=0.000*** < 0.001$）。

在不同专业满意度的比较中，民办高校学生自我评价水平随着专业满意度的提升而上升（图 9-13）。

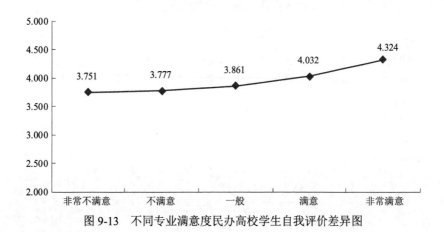

图 9-13 不同专业满意度民办高校学生自我评价差异图

11. 学生干部经历

通过显著性水平检验，不同学生干部经历的民办高校学生自我评价存在显著差异（$p=0.000*** < 0.001$）。

在不同学生干部经历的比较中，民办高校学生自我评价水平随着担任学生干部级别的提高而波动上升，其中担任班干部的学生自我评价水平最高，无学生干部经历的学生自我评价水平最低（图 9-14）。

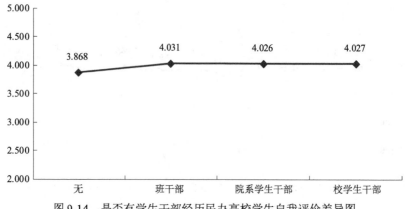

图 9-14 是否有学生干部经历民办高校学生自我评价差异图

12. 每周取酬打工时长

通过显著性水平检验，每周取酬打工时长不同的民办高校学生自我评价存在显著差异（$p=0.000***<0.001$）。

在不同每周取酬打工时长的分组比较中，民办高校学生自我评价随着每周取酬打工时长的增加而上升，其中每周取酬打工时长为 21 ～ 30 小时的民办高校学生自我评价水平最高，没有打工的民办高校学生自我评价水平最低（图 9-15）。

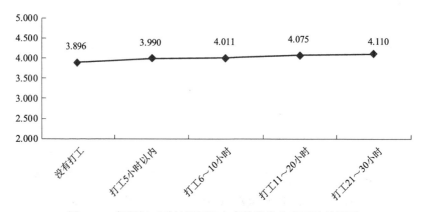

图 9-15 每周打工时长不同民办高校学生自我评价差异图

（三）结论

1）男生自我评价水平明显高于女生。

2）是独生子女的民办高校学生自我评价水平明显低于非独生子女的学生，民办中小学情况则相反。

3）父母学历处于专科或本科的民办高校学生自我评价水平最高，父母学历处于硕士研究生及以上的民办高校学生自我评价水平最低；父母学历处于硕士研究生及以上的民办中小学学生自我评价水平最高，父母学历处于初中及以下的民办中小学学生自我评价水平最低。

4）父亲无业、失业、半失业的民办高校学生的自我评价水平最高，父亲为行政管理人员的民办高校学生的自我评价水平最低；父亲为农村进城务工人员的民办中小学学生自我评价水平最高，父亲退休的民办中小学学生的自我评价水平最低。

5）小学四年级的学生自我评价最高，高中一年级的学生自我评价最低。

6）民办高校学生自我评价水平随着每周阅读时长的累积而上升；民办中小学学生的自我评价水平随着家中藏书量的增加而上升。

7）相对同学支出很少的民办高校学生的自我评价水平最高，相对同学支出水平持平的民办高校学生的自我评价水平最低；家庭很富裕的民办中小学学生自我评价水平最高，不清楚家庭经济情况的学生自我评价水平最低。

8）本科及以上办学层次的学生自我评价较高，专科／高职办学层次的学生自我评价较低。

9）法学专业的民办高校学生自我评价水平最低，哲学专业的民办高校学生自我评价水平最高。

10）民办高校学生自我评价水平随着专业满意度的提升而上升。

11）班干部的学生自我评价水平最高，无学生干部经历的学生自我评价水平最低。

12）每周取酬打工时长为21～30小时的民办高校学生自我评价水平最高，没有打工的民办高校学生自我评价水平最低。

二、他人评价

（一）基本情况

他人评价是指对他人的各种感受，能"设身处地"地、快速地进行直觉判断，了解他人的情绪、性情、动机、欲望等，并能作出适度的反应。

民办学校学生他人评价状况良好，民办高校学生的均值为3.855，民办中小学学生的均值为3.928，在学生情绪智力各维度中均值居中。

（二）差异分析

1. 性别

通过显著性水平检验，不同性别民办高校学生他人评价存在显著差异（$p=0.000*** < 0.001$），不同性别民办中小学学生他人评价差异不显著（$p=0.145 > 0.05$）。

在不同性别分组比较中，男生他人评价水平明显高于女生（图9-16）。

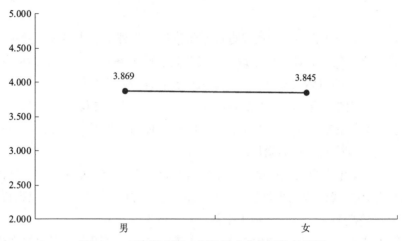

图 9-16　不同性别民办学校学生他人评价差异图

2. 是否独生子女

通过显著性水平检验，家庭子女状况不同的民办高校学生他人评价差异不显著（p=0.128＞0.05），家庭子女状况不同的民办中小学学生他人评价存在显著差异（p=0.000***＜0.001）。

在是否独生子女分组比较中，是独生子女的民办中小学学生他人评价水平明显高于非独生子女的学生（图 9-17）。

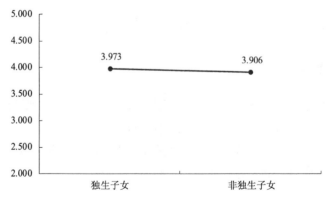

图 9-17　是否独生子女民办中小学学生他人评价差异图

3. 父母最高学历

通过显著性水平检验，父母学历水平不同的民办高校学生他人评价差异不显著（p=0.194＞0.05），父母学历水平不同的民办中小学学生他人评价存在显著差异（p=0.000***＜0.001）。

在不同父母学历水平分组比较中，民办中小学学生他人评价水平随着父母学历水平的提高而上升。其中父母为硕士研究生及以上学历的中小学学生他人评价水平最高，父母为初中及以下学历的中小学学生他人评价水平最低（图9-18）。

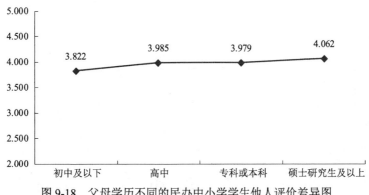

图9-18 父母学历不同的民办中小学学生他人评价差异图

4.父母职业（以父亲为代表）

通过显著性水平检验，父亲职业不同的民办高校学生他人评价存在显著差异，父亲职业不同的民办中小学学生他人评价存在显著差异（p=0.000*** ＜ 0.001）。

在父亲不同职业的分组比较中，父亲为专业技术人员的高校学生他人评价水平最高，父亲为其他职业的高校学生他人评价水平最低；父亲为农村进城务工人员的中小学学生他人评价水平最高，父亲退休的中小学学生的他人评价水平最低（图9-19）。

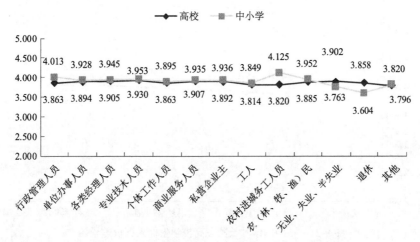

图9-19 父亲不同职业的民办学校学生他人评价差异图

5.年级

通过显著性水平检验，不同年级的民办高校学生他人评价差异不显著（p=0.167 ＞ 0.05），不同年级民办中小学学生他人评价存在显著差异（p=0.007** ＜ 0.01）。

在不同年级分组比较中，民办中小学学生的他人评价随着年级的升高而下降。小学四年级学生的他人评价水平最高，高中一年级学生的他人评价水平最低（图 9-20）。

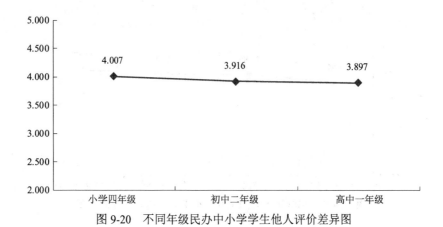

图 9-20　不同年级民办中小学学生他人评价差异图

6. 阅读量

通过显著性水平检验，每周阅读时长不同的民办高校学生他人评价存在显著差异（p=0.000*** ＜ 0.001）。

在不同阅读时间的分组比较中，民办高校学生他人评价水平随着每周阅读时长的累积而上升。每周阅读时间为 21 ~ 30 小时的高校学生的他人评价水平最高，每周阅读时间为 5 小时以内的高校学生的他人评价水平最低（图 9-21）。

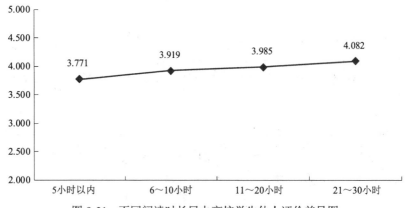

图 9-21　不同阅读时长民办高校学生他人评价差异图

通过显著性水平检验，家庭藏书量不同的民办中小学学生他人评价存在显著差异（p=0.000*** ＜ 0.001）

在不同家庭藏书量的分组比较中，民办中小学学生的他人评价水平随着家中藏书量的增加而提升，家庭图书册数很多的中小学学生的他人评价水平最高，家庭没有图书的中小学学生的他人评价水平最低（图 9-22）。

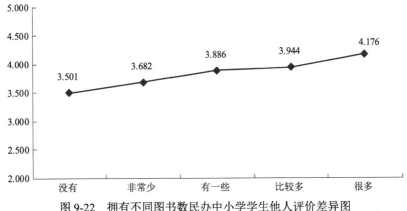

图 9-22　拥有不同图书数民办中小学学生他人评价差异图

7. 家庭经济状况

通过显著性水平检验，相对支出水平不同的民办高校学生他人评价存在显著差异（p=0.000*** ＜ 0.001）

在不同相对支出水平分组比较中，随着相对支出水平的提高出现了他人评价水平的"V"形趋势，即先下降后上升的趋势。其中相对同学支出很少的民办高校学生的他人评价水平最高，相对同学支出水平持平的民办高校学生的他人评价水平最低（图 9-23）。

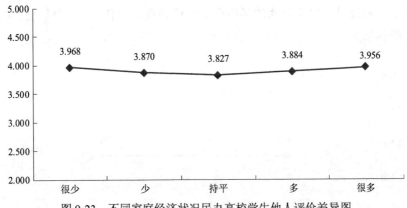

图 9-23　不同家庭经济状况民办高校学生他人评价差异图

通过显著性水平检验，不同家庭经济条件的民办中小学学生他人评价存在显著差异（p=0.000*** ＜ 0.001）。

在不同家庭经济条件分组比较中，随着家庭经济条件的提升出现了民办中小学学生他人评价水平先下降后上升的趋势，其中家庭很富裕的民办中小学学生他人评价水平最高，家庭经济比较困难的中小学学生他人评价水平最低（图 9-24）。

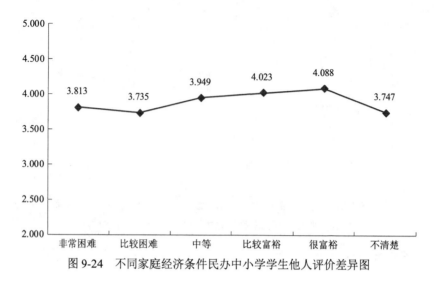

图 9-24　不同家庭经济条件民办中小学学生他人评价差异图

8. 办学层次

通过显著性水平检验，学校办学层次不同的民办高校学生他人评价存在显著差异（$p=0.000***<0.001$），个人就读层次不同民办高校学生他人评价差异不显著（$p=0.357>0.05$）。

在不同学校办学层次分组比较中，民办高校学生他人评价水平随着学校办学层次的提升而上升；本科及以上办学层次的学生自我评价较高，专科 / 高职办学层次的学生自我评价较低（图 9-25）。

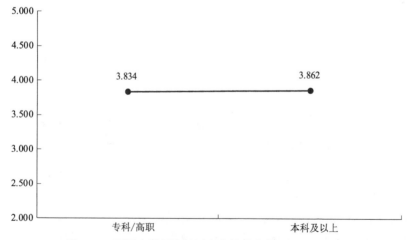

图 9-25　不同办学层次的民办高校学生他人评价差异图

9. 专业所属学科

通过显著性水平检验，不同所属学科的民办高校学生他人评价存在显著差异（$p=0.000***<0.001$）。

在不同所属学科分组比较中，法学专业的民办高校学生的他人评价水平最低，艺术学专业的民办高校学生的他人评价水平最高（图9-26）。

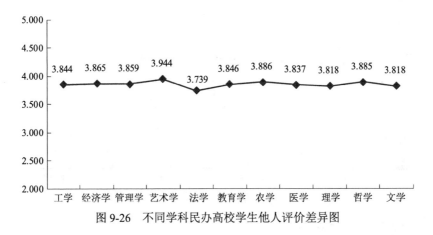

图 9-26　不同学科民办高校学生他人评价差异图

10. 专业满意度

通过显著性水平检验，专业满意度不同民办高校学生他人评价存在显著差异（p=0.000*** ＜ 0.001）。

在不同专业满意度分组比较中，民办高校学生他人评价水平随着专业满意度的提升而上升（图9-27）。

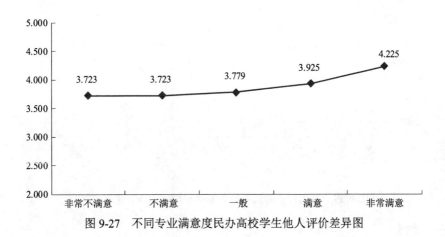

图 9-27　不同专业满意度民办高校学生他人评价差异图

11. 学生干部经历

通过显著性水平检验，学生干部经历不同的民办高校学生他人评价存在显著差异（p=0.000*** ＜ 0.001）。

在不同学生干部经历的比较中，民办高校学生他人评价水平随着担任学生干部级别的提高而上升，其中校级组织干部的学生他人评价水平最高，无学生干部经历的学生他人评价水平最低（图 9-28）。

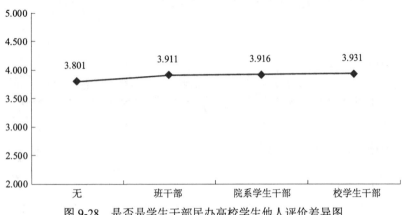

图 9-28　是否是学生干部民办高校学生他人评价差异图

12. 每周取酬打工时长

通过显著性水平检验，每周取酬打工时长不同的民办高校学生他人评价存在显著差异（$p=0.002** < 0.01$）。

在不同每周取酬打工时长的比较中，民办高校学生他人评价随着每周取酬打工时长的增加而上升（图 9-29）。

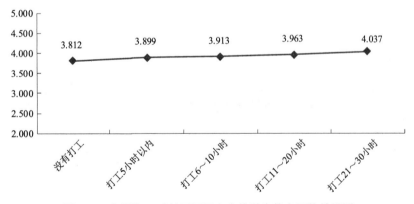

图 9-29　每周打工时长不同民办高校学生他人评价差异图

（三）结论

1）男生的他人评价水平明显高于女生。

2）是独生子女的民办中小学学生的他人评价水平明显高于非独生子女的学生。

3）父母为硕士研究生及以上学历的中小学学生的他人评价水平最高，父母为初中及以下学历的中小学学生的他人评价水平最低。

4）父亲为专业技术人员的高校学生的他人评价水平最高，父亲为其他职业的高校学生的他人评价水平最低；父亲为农村进城务工人员的中小学学生的他人评价水平最高，父亲退休的中小学学生的他人评价水平最低。

5）小学四年级学生的他人评价水平最高，高中一年级学生的他人评价水平最低。

6）每周阅读时间为 21～30 小时的高校学生的他人评价水平最高，每周阅读时间为 5 小时以内的高校学生的他人评价水平最低；家庭图书册数很多的中小学学生的他人评价水平最高，家庭没有图书的中小学学生的他人评价水平最低。

7）相对同学支出很少的民办高校学生的他人评价水平最高，相对同学支出水平持平的民办高校学生的他人评价水平最低；家庭很富裕的民办中小学学生他人评价水平最高，家庭经济比较困难的中小学学生他人评价水平最低。

8）本科及以上办学层次的学生自我评价较高，专科／高职办学层次的学生自我评价较低。

9）法学专业的民办高校学生的他人评价水平最低，艺术学专业的民办高校学生的他人评价水平最高。

10）民办高校学生他人评价水平随着专业满意度的提升而上升。

11）民办高校学生他人评价水平随着担任学生干部级别的提高而上升，其中校级组织干部的学生他人评价水平最高，无学生干部经历的学生他人评价水平最低。

三、情绪运用

（一）基本情况

情绪运用是指个体调整自己情绪使之向有利于建设性行为和个体绩效方向发展的能力。

民办学校学生情绪运用情况良好，民办高校学生的均值为 3.850，民办中小学学生的均值为 3.938，在学生情绪智力各维度中均值较高。

（二）差异分析

1. 性别

通过显著性水平检验，不同性别民办高校学生情绪运用差异不显著（$p=0.386>0.05$），不同性别民办中小学学生情绪运用存在显著差异（$p=0.030*<0.05$）。

在不同性别分组比较中，男生情绪运用水平明显高于女生（图 9-30）。

2. 是否独生子女

通过显著性水平检验，家庭子女状况不同的民办高校学生情绪运用存在显著差异（$p=0.019*<0.05$），家庭子女状况不同的民办中小学学生情绪运用存在显著差异（$p=0.000***<0.001$）。

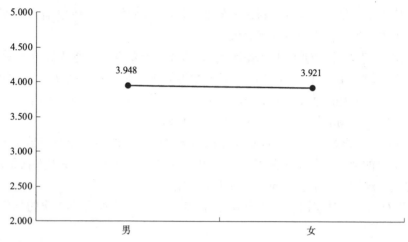

图 9-30　不同性别民办中小学学生情绪运用差异图

在是否独生子女分组比较中，是独生子女的民办学校学生情绪运用水平明显高于非独生子女的民办学校学生（图 9-31）。

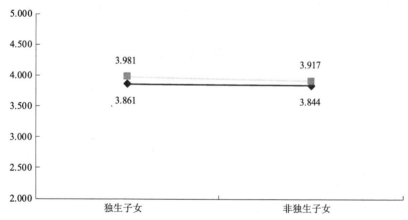

图 9-31　是否独生子女民办学校学生情绪运用差异图

3. 父母最高学历

通过显著性水平检验，父母学历水平不同的民办高校学生情绪运用存在显著差异（$p=0.001** < 0.01$），父母学历水平不同的民办中小学学生情绪运用存在显著差异（$p=0.000*** < 0.001$）。

在不同父母学历水平分组比较中，民办高校学生情绪运用水平随着父母学历的提高出现了先上升后下降的趋势，其中父母为专科或本科学历的民办高校学生情绪运用水平最高，父母为硕士研究生及以上学历的民办高校学生情绪运用水平最低。民办中小学学生情绪运用水平随着父母学历的提高出现了先上升后下降再上升的趋势。父母为硕士研究生及以上学历的民办中小学学生情绪运用水平最高，父母为初中及以下学历的民办中小学学生情绪运用水平最低（图9-32）。

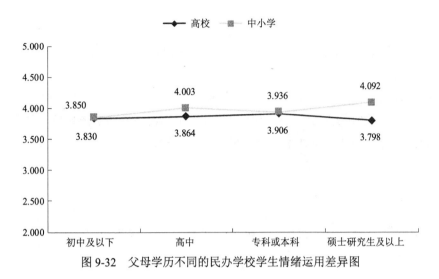

图9-32　父母学历不同的民办学校学生情绪运用差异图

4. 父母职业（以父亲为代表）

通过显著性水平检验，父亲职业不同的民办高校学生情绪运用存在显著差异，父亲职业不同的民办中小学学生情绪运用存在显著差异（$p=0.000*** < 0.001$）。

在不同父亲职业分组比较中，父亲为专业技术人员的高校学生的情绪运用水平最高，父亲为其他职业的高校学生的情绪运用水平最低；父亲为农村进城务工人员的中小学学生情绪运用水平最高，父亲退休的中小学学生的情绪运用水平最低（图9-33）。

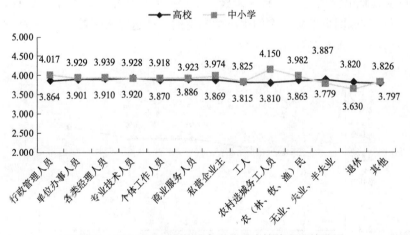

图9-33　父亲不同职业的民办学校学生情绪运用差异图

5. 年级

通过显著性水平检验，不同年级民办高校学生情绪运用差异不显著（$p=0.404 > 0.05$），不同年级民办中小学学生情绪运用差异不显著（p=0.140 ＞ 0.05）。

6. 阅读量

通过显著性水平检验，每周阅读时长不同的民办高校学生情绪运用存在显著差异（p=0.001** ＜ 0.001）。

在不同阅读时间的分组比较中，民办高校学生情绪运用水平随着每周阅读时长的累积而上升。每周阅读时间为 21 ～ 30 小时的高校学生的情绪运用水平最高，每周阅读时间为 5 小时以内的高校学生的情绪运用水平最低（图 9-34）。

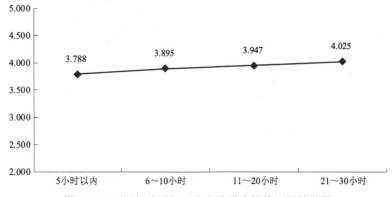

图 9-34　不同阅读时长民办高校学生情绪运用差异图

通过显著性水平检验，家庭图书数不同的民办中小学学生情绪运用存在显著差异（p=0.000*** ＜ 0.001）

在不同家庭藏书量的分组比较中，民办中小学学生的情绪运用水平随着家中藏书量的增加而上升；家庭图书册数很多的中小学学生的情绪运用水平最高，家庭没有图书的中小学学生的情绪运用水平最低（图 9-35）。

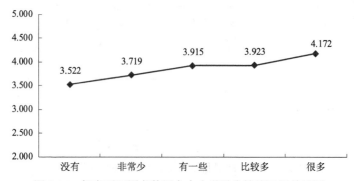

图 9-35　拥有不同图书数民办中小学学生情绪运用差异图

7. 家庭经济状况

通过显著性水平检验，相对支出水平不同的民办高校学生情绪运用存在显著差异（p=0.000*** ＜ 0.001）

在不同相对支出水平分组比较中，随着相对同学支出的增长情绪运用水平先下降后上升的趋势，其中相对同学支出很多的民办高校学生的情绪运用水平最高，相对同学支出水平持平的民办高校学生的情绪运用水平最低（图 9-36）。

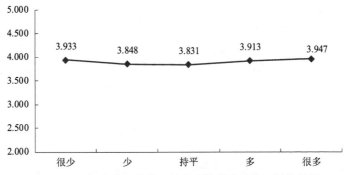

图 9-36　不同家庭经济状况民办高校学生情绪运用差异图

通过显著性水平检验，家庭经济条件不同的民办中小学学生情绪运用存在显著差异（p=0.000*** ＜ 0.001）。

在不同家庭经济条件分组比较中，随着家庭经济条件的提升出现了民办中小学学生情绪运用水平先下降后上升的趋势，其中家庭很富裕的民办中小学学生情绪运用水平最高，不清楚家庭经济情况的中小学学生情绪运用水平最低（图 9-37）。

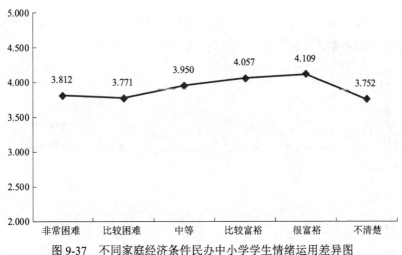

图 9-37　不同家庭经济条件民办中小学学生情绪运用差异图

8. 办学层次

通过显著性水平检验，不同学校办学层次民办高校学生情绪运用差异不显著（$p=0.675 > 0.05$），不同个人就读层次民办高校学生情绪运用存在显著差异（$p=0.008** < 0.01$）。

在不同个人就读层次分组比较中，民办高校学生情绪运用水平随着个人就读层次的提升而下降；个人就读层次为专科/高职的学生情绪运用水平较高，个人就读层次为本科及以上的学生情绪运用水平较低（图9-38）。

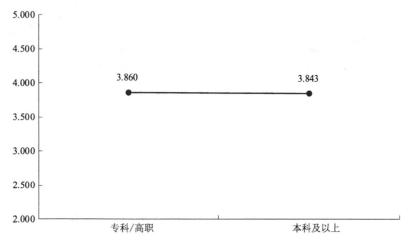

图 9-38　不同就读层次民办高校学生情绪运用差异图

9. 专业所属学科

通过显著性水平检验，所属学科不同的民办高校学生情绪运用存在显著差异（$p=0.000*** < 0.001$）。

在不同所属学科分组比较中，法学专业的民办高校学生情绪运用水平最低，哲学专业的民办高校学生情绪运用水平最高（图9-39）。

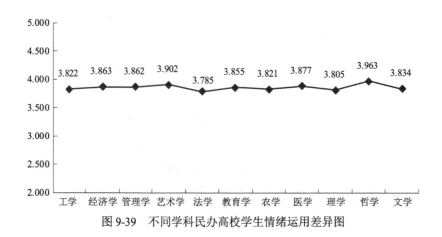

图 9-39　不同学科民办高校学生情绪运用差异图

10. 专业满意度

通过显著性水平检验，专业满意度不同民办高校学生情绪运用存在显著差异（$p=0.000*** < 0.001$）。

在不同专业满意度分组比较中，民办高校学生情绪运用水平随着专业满意度的提升而上升（图9-40）。

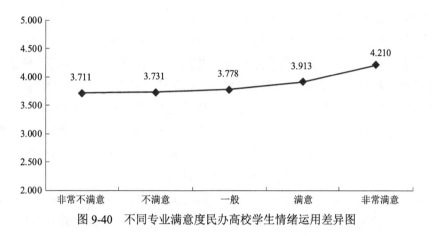

图9-40　不同专业满意度民办高校学生情绪运用差异图

11. 学生干部经历

通过显著性水平检验，学生干部经历不同的民办高校学生情绪运用存在显著差异（$p=0.000*** < 0.001$）。

在不同学生干部经历分组比较中，民办高校学生情绪运用水平随着担任学生干部级别的提高而上升，其中担任校级组织干部的学生情绪运用水平最高，无学生干部经历的学生情绪运用水平最低（图9-41）。

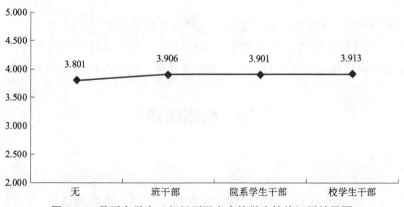

图9-41　是否有学生干部经历民办高校学生情绪运用差异图

12. 每周取酬打工时长

通过显著性水平检验，不同每周取酬打工时长的民办高校学生情绪运用差异不显著（$p=0.318 > 0.05$）。

（三）结论

1）男生情绪运用水平明显高于女生。

2）是独生子女的民办学校学生情绪运用水平明显高于非独生子女的学生。

3）父母为专科或本科学历的民办高校学生情绪运用水平最高，父母为硕士研究生及以上学历的民办高校学生情绪运用水平最低；父母为硕士研究生及以上学历的民办中小学学生情绪运用水平最高，父母为初中及以下学历的民办中小学学生情绪运用水平最低。

4）父亲为专业技术人员的民办高校学生的情绪运用水平最高，父亲为其他职业的高校学生的情绪运用水平最低；父亲为农村进城务工人员的民办中小学学生情绪运用水平最高，父亲退休的民办中小学学生的情绪运用水平最低。

5）每周阅读时间为 21 ～ 30 小时的民办高校学生的情绪运用水平最高，每周阅读时间为 5 小时以内的高校学生的情绪运用水平最低；家庭图书册数很多的中小学学生的情绪运用水平最高，家庭没有图书的中小学学生的情绪运用水平最低。

6）相对同学支出很多的民办高校学生的情绪运用水平最高，相对同学支出水平持平的民办高校学生的情绪运用水平最低；家庭很富裕的民办中小学学生情绪运用水平最高，不清楚家庭经济情况的中小学学生情绪运用水平最低。

7）个人就读层次为专科 / 高职的学生情绪运用水平较高，个人就读层次为本科及以上的学生情绪运用水平较低。

8）法学专业的民办高校学生情绪运用水平最低，哲学专业的民办高校学生情绪运用水平最高。

9）民办高校学生情绪运用水平随着专业满意度的提升而上升。

10）民办高校学生情绪运用水平随着担任学生干部级别的提高而上升，其中担任校级组织干部的学生情绪运用水平最高，无学生干部经历的学生情绪运用水平最低。

四、情绪管理

（一）基本情况

情绪管理是指通过研究个体和群体对自身情绪和他人情绪的认识、协调、引导、互动和控制，充分挖掘和培植个体和群体的情绪智商、驾驭情绪的能力，从而确保个体和群体保持良好的情绪状态。

民办学校学生情绪管理状况较差，民办高校学生的均值为 3.726，民办中小学学生的均值为 3.841，在学生情绪智力各维度中均值最低。

（二）差异分析

1. 性别

通过显著性水平检验，不同性别民办高校学生、民办中小学学生情绪管理存在显著差异（$p=0.000*** < 0.001$）。

在不同性别分组比较中，男生情绪管理水平明显高于女生（图 9-42）。

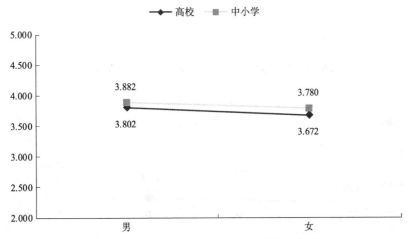

图 9-42 不同性别民办学校学生情绪管理差异图

2. 是否独生子女

通过显著性水平检验，家庭子女状况不同的民办高校学生情绪管理存在显著差异（$p=0.002** < 0.01$），家庭子女状况不同的民办中小学学生情绪管理存在显著差异（$p=0.000*** < 0.001$）。

在是否独生子女分组比较中，是独生子女的民办学校学生情绪管理水平高于非独生子女的民办学校学生（图 9-43）。

3. 父母最高学历

通过显著性水平检验，父母学历水平不同的民办高校学生、民办中小学学生情绪管理存在显著差异（$p=0.000*** < 0.001$）。

在不同父母学历水平分组比较中，民办高校学生情绪管理水平随着父母学历的提高而上升，民办中小学学生情绪管理水平随着父母学历的提高出现了先上升后下降再上升的趋势。父母为硕士研究生及以上学历的民办学校学生情绪管理水平最高，父母为初中及以下学历的民办学校学生情绪管理水平最低（图 9-44）。

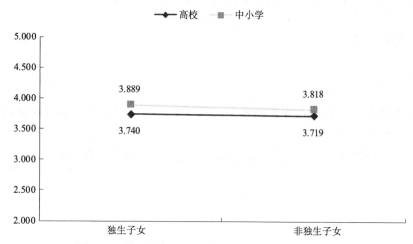

图 9-43　是否独生子女民办学校学生情绪管理差异图

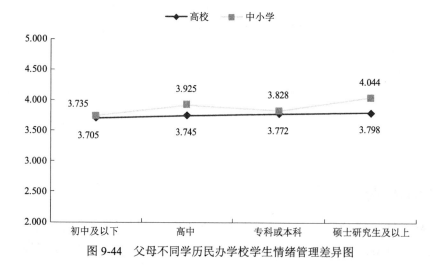

图 9-44　父母不同学历民办学校学生情绪管理差异图

4. 父母职业（以父亲为代表）

通过显著性水平检验，父亲职业不同民办高校学生、民办中小学学生情绪管理存在显著差异（$p=0.000*** < 0.001$）。

在不同父亲职业的分组比较中，父亲为各类经理人员的高校学生的情绪管理水平最高，父亲为其他职业的高校学生的情绪管理水平最低。父亲为农村进城务工人员的中小学学生情绪管理水平最高，父亲退休的中小学学生的情绪管理水平最低（图 9-45）。

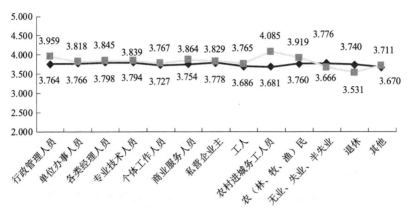

图 9-45　父亲不同职业民办学校学生情绪管理差异图

5. 年级

在不同年级分组比较中，民办中小学学生情绪管理水平随着年级的增长而下降。小学四年级学生的情绪管理水平最高，高中一年级学生的情绪管理水平最低（图 9-46）。

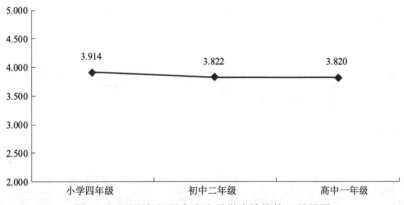

图 9-46　不同年级民办中小学学生情绪管理差异图

6. 阅读量

通过显著性水平检验，每周阅读时长不同的民办高校学生情绪管理存在显著差异（p=0.002** < 0.01）。

在不同阅读时间分组比较中，民办高校学生情绪管理水平随着每周阅读时长的累积而上升。每周阅读时间为 21 ～ 30 小时的高校学生的情绪管理水平最高，每周阅读时间为 5 小时以内的高校学生的情绪管理水平最低（图 9-47）。

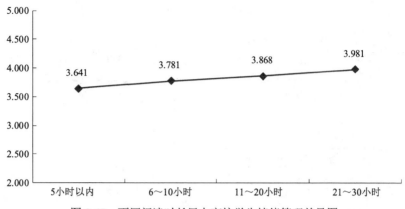

图 9-47　不同阅读时长民办高校学生情绪管理差异图

通过显著性水平检验，家庭图书数不同的民办中小学学生情绪管理存在显著差异（$p=0.000*** < 0.001$）

在不同家庭藏书量的分组比较中，民办中小学学生的情绪管理水平随着家中藏书量的增加而上升；家庭图书册数很多的中小学学生的情绪管理水平最高，家庭没有图书的中小学学生的情绪管理水平最低（图 9-48）。

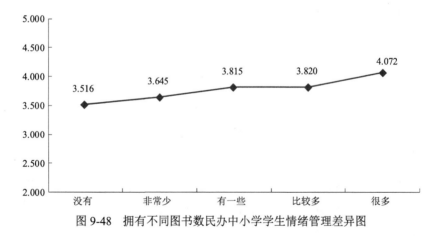

图 9-48　拥有不同图书数民办中小学学生情绪管理差异图

7. 家庭经济状况

通过显著性水平检验，相对支出水平不同的民办高校学生情绪管理存在显著差异（$p=0.000*** < 0.001$）

在不同相对支出水平分组比较中，随着与相对同学支出的增长出现了情绪管理水平的"V"形趋势，即先下降后增长的趋势，其中相对同学支出很少的民办高校学生的情绪管理水平最高，相对同学支出水平持平的民办高校学生的情绪管理水平最低（图 9-49）。

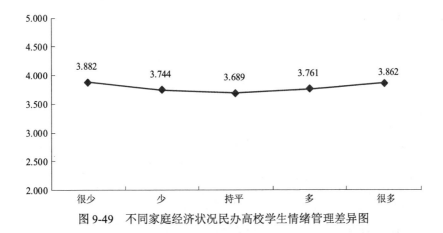

图 9-49　不同家庭经济状况民办高校学生情绪管理差异图

通过显著性水平检验，不同家庭经济条件的民办中小学学生情绪管理存在显著差异（p=0.000*** ＜ 0.001）。

在不同家庭经济条件分组比较中，随着家庭经济条件的提升出现了民办中小学学生情绪管理水平先下降后快速上升的趋势，其中家庭很富裕的民办中小学学生情绪管理水平最高，家庭比较困难的中小学学生情绪管理水平最低（图 9-50）。

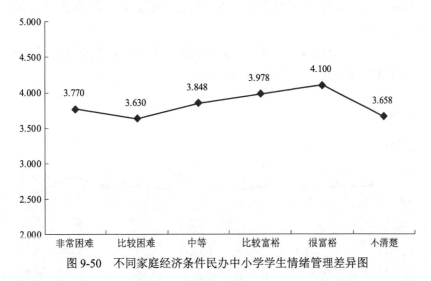

图 9-50　不同家庭经济条件民办中小学学生情绪管理差异图

8. 办学层次

通过显著性水平检验，不同学校办学层次民办高校学生情绪管理存在显著差异（p=0.043* ＜ 0.05），不同个人就读层次民办高校学生情绪管理存在显著差异（p=0.000*** ＜ 0.001）。

在不同学校办学层次分组比较中，民办高校学生情绪管理水平随着学校办学层次的提升而下降；在不同个人就读层次的比较中，民办高校学生情绪管理水平随着个人就读层次的提升而下降（图9-51）。

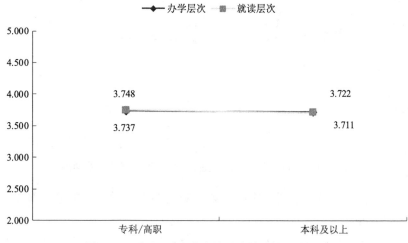

图 9-51　不同层次民办高校学生情绪管理差异图

9. 专业所属学科

通过显著性水平检验，所属学科不同的民办高校学生情绪管理存在显著差异（p=0.000*** ＜ 0.001）。

在不同所属学科分组比较中，文学专业的民办高校学生情绪管理水平最低，哲学专业的民办高校学生情绪管理水平最高（图9-52）。

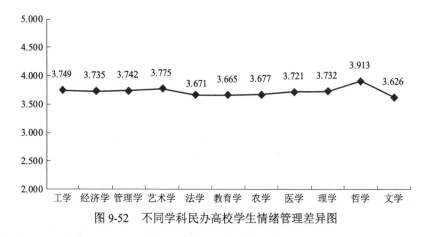

图 9-52　不同学科民办高校学生情绪管理差异图

10. 专业满意度

通过显著性水平检验，专业满意度不同的民办高校学生情绪管理存在显著差异（p=0.000*** ＜ 0.001）。

在不同专业满意度分组比较中，民办高校学生情绪管理水平随着专业满意度的提升而上升（图9-53）。

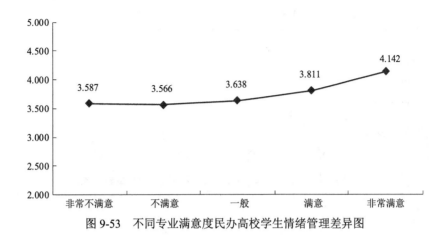

图9-53　不同专业满意度民办高校学生情绪管理差异图

11. 学生干部经历

通过显著性水平检验，学生干部经历不同的民办高校学生情绪管理存在显著差异（$p=0.000*** < 0.001$）。

在不同学生干部经历分组比较中，民办高校学生情绪管理水平随着担任学生干部级别的提高而上升，其中担任校级组织干部的学生情绪管理水平最高，无学生干部经历的学生情绪管理水平最低（图9-54）。

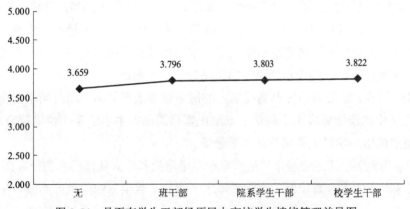

图9-54　是否有学生干部经历民办高校学生情绪管理差异图

12. 每周取酬打工时长

通过显著性水平检验，每周取酬打工时长不同的民办高校学生情绪管理存在显著差异（$p=0.000*** < 0.001$）。

在不同每周取酬打工时间的分组比较中，民办高校学生情绪管理水平随着每周取酬打工时间的累积而上升（图9-55）。

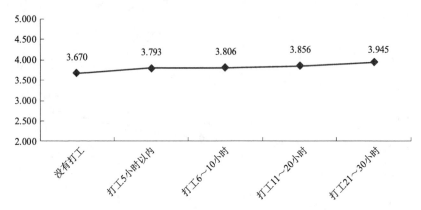

图 9-55　每周打工时长不同民办高校学生情绪管理差异图

（三）结论

1）男生情绪管理水平明显高于女生。

2）是独生子女的民办学校学生情绪管理水平高于非独生子女的民办学校学生。

3）不论高校或中小学，父母为硕士研究生及以上学历的学生情绪管理水平最高，父母为初中及以下学历的学生情绪管理水平最低。

4）父亲为各类经理人员的民办高校学生的情绪管理水平最高，父亲为其他职业的高校学生的情绪管理水平最低。父亲为农村进城务工人员的民办中小学学生情绪管理水平最高，父亲退休的中小学学生的情绪管理水平最低。

5）小学四年级学生的情绪管理水平最高，高中一年级学生的情绪管理水平最低。

6）每周阅读时间为 21～30 小时的高校学生的情绪管理水平最高，每周阅读时间为 5 小时以内的高校学生的情绪管理水平最低；家庭图书册数很多的中小学学生的情绪管理水平最高，家庭没有图书的中小学学生的情绪管理水平最低。

7）相对同学支出很少的民办高校学生的情绪管理水平最高，相对同学支出水平持平的民办高校学生的情绪管理水平最低；家庭很富裕的民办中小学学生情绪管理水平最高，家庭比较困难的中小学学生情绪管理水平最低。

8）民办高校学生情绪管理水平随着学校办学层次和个人就读层次的提高而下降。

9）文学专业的民办高校学生情绪管理水平最低，哲学专业的民办高校学生情绪管理水平最高。

10）民办高校学生情绪管理水平随着专业满意度的提升而上升。

11）民办高校学生情绪管理水平随着担任学生干部级别的提高而上升，其中担任校级组织干部的学生情绪管理水平最高，无学生干部经历的学生情绪管理水平最低。

参考文献

安振武. 基于成果导向的民办高校全程培养方案设计研究——以武汉某民办高校为例 [J]. 现代商贸工业, 2017（08）：158-159.

本刊讯. 宁夏：民办教育覆盖国民教育体系 [J]. 中国校外教育, 2017（30）：191.

陈大为. 供给侧结构性改革下民办高校创新创业教育的推进路径 [J]. 浙江树人大学学报（人文社会科学）, 2017, 17（04）：103-107.

陈润文, 邱勇, 黄文彬, 等. 基于日志分析的民办高校学生网络生活类型研究 [J]. 数据分析与知识发现, 2017, 1（08）：31-38.

陈伟. 民办学校隐名出资人不具备行政诉讼原告主体资格 [J]. 山东审判, 2017, 33（04）：93-94.

陈伊生. 营利性民办高校学费涨价诉求与定价策略选择 [J]. 价格月刊, 2017（11）：11-14.

陈永文. 民办高校竞争战略的制定和实施 [J]. 宏观经济管理, 2017（S1）：86-87.

陈岳堂. 民办高校内部运行机制构建研究 [J]. 湖南科技大学学报（社会科学版）, 2017, 20（02）：172-177.

陈兆军, 黄侦宇. 创新创业教育视域下民办高校教师专业身份认同探索 [J]. 中国成人教育, 2017（12）：136-138.

成迎富. 民办高校党建工作的现状与对策研究——以河南民办高校为例 [J]. 黄河科技大学学报, 2017, 19（05）：21-25.

程晗, 黄鹂. 中国民办教育机构员工激励的问题与策略 [J]. 人力资源管理, 2017（11）：293-294.

迟双会. 民办高校教师专业发展现状研究——基于山东省济南市三所民办高校教师专业发展现状的调查 [J]. 科教文汇（下旬刊）, 2017（10）：24-26.

崔月. 商丘市某民办高校医学生考试焦虑、社会支持与自我效能感的相关性研究 [J]. 医学与社会, 2017, 30（11）：40-42, 50.

大连市委组织部非公有制经济组织和社会组织党建工作处. 当前做好民办学校党建工作需要把握的几个重点问题 [J]. 中国社会组织, 2017（19）：45-46.

邓大洪. 义务教育非营利后民办教育如何"涅槃重生" [J]. 中国商界, 2017（07）：16-20.

董圣足. 破解瓶颈制约, 推进民办学校分类管理 [J]. 教育发展研究, 2017, 37（Z1）：3.

董圣足. 新政之下地方民办教育制度调适与创新的若干思考 [J]. 浙江树人大学学报（人文社会科学）, 2017, 17（02）：7-10, 24.

方建锋. 民办学校分类管理宏观制度设计的基本走向 [J]. 复旦教育论坛, 2017, 15（02）：46-53.

方建锋. 民办学校收费改革的发展方向与政策建议 [J]. 浙江树人大学学报（人文社会科学），2017，17（06）：12-17.

盖晓连，王玉文，邰连河. 浅谈改革人才培养模式对民办教育内涵式发展的推动 [J]. 教育教学论坛，2017（21）：119-120.

高宏赋. 非营利性民办高校的政府财政支持研究 [J]. 江苏高教，2017（11）：36-40.

耿猛. 民办高校融入国家"一带一路"战略研究——以河南民办高校为例 [J]. 湖北函授大学学报，2017，30（11）：33-34，37.

郭二榕，景安磊. 推动分类管理 促进民办教育健康发展（观点摘编）[J]. 中国高教研究，2017（03）：17-20.

郭光文. 依法促进民办教育应坚持"三要三不要" [J]. 人民之友，2017（06）：53-54.

郭学德. 全面从严治党新形势下民办高校党建工作的新思考 [J]. 学习论坛，2017，33（08）：23-26.

韩强，梁忠环. 民办高校校企协同育人探讨 [J]. 宏观经济管理，2017（S1）：80-81.

何丹，赵思嘉. 论我国民办教育发展的法律困境及改善——基于《民办教育促进法》的新修改 [J]. 法制与社会，2017（32）：185-186.

何建. 民办学校举办者可类推适用公司法行使知情权 [J]. 人民司法（案例），2017（08）：62-65.

何一冬. 民办高校生均收入与生均成本的研究——以广西某民办高校为例 [J]. 绿色科技，2017（09）：228-231.

洪演，任宣. 广东选出的全国人大代表开展专题调研 关注养老服务民办教育 [J]. 人民之声，2017（09）：11.

侯红梅. 社会主义核心价值观对民办高校校园文化建设的引领——基于五所民办高校校园文化建设的调查与思考 [J]. 南通职业大学学报，2017，31（01）：42-45.

胡建波，师艳. 由"堵"到"疏"看民办高校内部控制的基本点——以西安欧亚学院为例 [J]. 会计之友，2017（10）：123-126.

胡立洲，胡海洋. 民办高校互联网＋党建工作模式研究与应用 [J]. 世纪桥，2017（03）：56-57.

黄枫珊. 以新发展理念引领民办高校人事管理改革的探索——以广东省为例 [J]. 现代教育管理，2017（07）：60-65.

黄崴，李清刚. "五环"模式：民办学校教师专业发展之道 [J]. 教育导刊，2017（08）：68-71.

黄一玲. 试论民办高校法人治理结构的完善 [J]. 中国成人教育，2017（03）：37-41.

黄怡平. 绍兴市堵疏结合联合专项整治民办教育培训机构 [J]. 中国社会组织，2017（21）：61.

纪德尚. 河南民办高校品牌专业建设存在的问题与思考 [J]. 黄河科技大学学报，2017，19（02）：7-11.

贾晓刚，杨娜. 新常态下陕西民办高校教科研能力可持续发展的机遇与挑战刍议 [J/OL]. 北方文学（下旬），2017（06）：149-150 [2018-06-09].http://kns.cnki.net/kcms/detail/23.1058.I.20170627.0914.222.html.

贾咏梅. 民办高校党组织充分发挥政治核心作用的调研与思考 [J]. 北京城市学院学报，2017（06）：95-100.

江苏民办教育的"新名片"南京市金陵中学河西分校 [J]. 江苏教育研究，2017（10）：81-82.

姜伯成，屠明将. 统筹与分割：城乡家庭民办教育需求的实证研究 [J]. 黄河科技大学学报，2017，19（06）：1-8.

姜赢，佘映欣，苏若薇，等. 基于大数据分析的民办高校教学成本问题诊断与优化 [J]. 教育财会研究，2017，28（02）：63-68.

蒋显敬，周辉. 民族器乐进入民办学校的实践及探索——以江苏省丰县创新外国语学校为例 [J]. 当代音乐，2017（11）：39-41.

金宸. 回顾与展望 广东民办教育进入新时代 [J]. 大社会，2017（09）：13.

金马妮. 教育公平视角下民办学校推行"两免一补"政策的困境及对策研究 [J]. 基础教育研究，2017（11）：11-14.

金枝. 从教育投资的角度看我国民办教育培训机构的发展现状 [J]. 纳税，2017（17）：171.

鞠光宇. 民办学校分类管理制度研究 [J]. 中国人民大学教育学刊，2017（03）：14-30.

康涛. 论政府对民办学校的再规制 [J]. 高教探索，2017（09）：94-99，112.

康歆媛. "一带一路"倡议背景下的民办高校外语专业人才培养刍议 [J]. 教育探索，2017（05）：71-73.

孔颖，孙黎明. 民办高校党委充分发挥政治核心和监督保障作用的机制研究 [J]. 学校党建与思想教育，2017（06）：17-19.

雷承波. 美国营利性大学改革及其对我国发展营利性民办高校的启示 [J]. 浙江树人大学学报（人文社会科学），2017，17（04）：7-12.

雷承波，阙明坤. 我国发展营利性民办高校若干难点分析及相关建议 [J]. 教育与职业，2017（07）：36-41.

雷芳. 民办学校文化建设应突出的重点 [J]. 湖南科技学院学报，2017，38（09）：60-63.

雷孟颖祎. 浅谈民办高校辅导员如何开展班团一体化建设 [J]. 中小企业管理与科技（下旬刊），2017（11）：69-70.

黎红艳，黄声巍. 民办教育分类管理的分类标准探析 [J]. 科教导刊（下旬），2017（10）：7-8.

李臣之，吴秋连，张爽. 深圳市民办学校非在编教师生存状态调查 [J]. 现代教育论丛，2017（02）：67-73.

李臣之，吴秋连，张爽. 深圳市民办学校非在编教师专业发展困境及对策 [J]. 教育导刊，2017（06）：21-25.

李储学. 民办高校创新创业教育生态圈战略及其构建 [J]. 中国成人教育，2017（23）：33-37.

李晗. 民办教育 A 股上市倒计时 [J]. 经济，2017（21）：68-72.

李佳. 关于《民办教育促进法》修正案的政策分析 [J]. 劳动保障世界，2017（27）：73，75.

李连宁. 对《中华人民共和国民办教育促进法》修改决定的重要思考 [J]. 教育与职业，2017（05）：5-8.

李鲁宁. 论构建民办高校"两学一做"学习教育长效机制 [J]. 辽宁省社会主义学院学报，2017（01）：116-120.

李清刚. 分类管理视域下的民办教育政策元设计 [J]. 首都师范大学学报（社会科学版），2017（05）：157-164.

李文红. 民办与公办高校学生对辅导员角色期望的比较分析——基于民办高校辅导员工作的视角 [J]. 高校辅导员学刊，2017，9（02）：24-31.

李学强，暴海忠，苏彩. 浅谈民办高校中青年教师薪酬制度建设 [J]. 宏观经济管理，2017（S1）：111-112.

李延春. 义务教育民办学校的问题与对策 [J]. 西安文理学院学报（社会科学版），2017，20（03）：111-114.

廖红. 制度设计与机会选择分析——对《民办教育促进法》修正案立法争议的反思 [J]. 法制与社会，2017（30）：12-14.

林安琪，李祥. 民办教育分类管理研究述评及问题前瞻 [J]. 教育导刊，2017（06）：42-47.

林长兴，熊红斌. 民办高校党组织发挥政治核心作用的内在要求和实践方略 [J]. 理论导刊，2017（05）：65-68.

蔺叶坤. 基于"大众创业万众创新"背景下民办高校双创教育的路径选择 [J]. 高教学刊，2017（16）：32-34，37.

刘静．人文教育：民办高校立足的根基 [J]．大学教育科学，2017（06）：11-16．

刘卷，付晓春．民办学校学生心理健康问题探究——基于某民校初三年级的调研 [J]．科教文汇（上旬刊），2017（04）：150-152．

刘奎杰，陈忠全，张新国．民办高校发展现状及可持续发展路径：山东为例 [J]．浙江树人大学学报（人文社会科学），2017，17（04）：13-18．

刘来兵．论落实民办教育分类管理 [J]．河北师范大学学报（教育科学版），2017，19（03）：34-36．

刘楠，杨策．转型背景下民办高校产教融合协同育人机制研究 [J]．吉林工程技术师范学院学报，2017，33（11）：26-28．

刘琪．民办高校中外合作办学分类管理初探 [J]．集美大学学报（教育科学版），2017，18（02）：80-84．

刘三华．《民办教育促进法》修改背景下民办高校教职工权益保障问题研究 [J]．西部素质教育，2017，3（12）：13-14．

刘世超．论民办学校校长领导力及其发展前途 [J]．数码设计，2017，6（09）：241-242．

刘晓巍．民办教育综合改革中的制度逻辑及其微观行为 [J]．教育与教学研究，2017，31（09）：16-23．

刘洋．"互联网＋"背景下民办高校学生创新创业教育研究 [J]．现代营销（下旬刊），2017（04）：166-167．

柳国勇，吴连书．基于"双一流"建设的民办高校内部治理结构改革探析 [J]．教育观察（上半月），2017，6（15）：38-40．

罗明丽，卢胜勇．民办高校管理工作效率问题与对策探讨——以江西省某一所民办高校为例 [J]．现代商贸工业，2017（35）：84-85．

罗荣富．民办高校学生培育社会主义核心价值观的现状审视——基于对广东五所民办高校学生的调查 [J]．广西教育学院学报，2017（02）：146-149．

吕金梅．民办高校教育供给侧结构性改革探索——基于高校转型发展的视角 [J]．中国成人教育，2017（18）：42-45．

孟令军，辛琦媛．新高考背景下民办高校招生之困及优化之策 [J]．天津中德应用技术大学学报，2017（04）：45-48．

民办教育促进法（修改）9 月 1 日起施行 [J]．大社会，2017（09）：10．

欧阳晓晶．网络环境下民办高校学生心理健康教育研究 [J]．教育与职业，2017（12）：110-112．

皮江红．论民办高校收费标准确定的模式 [J]．中国高教研究，2017（12）：77-81．

任芳，张星奇，郭鹏江．民办高校人才激励机制的构建 [J]．西安财经学院学报，2017，30（05）：123-127．

单大圣．非营利性民办学校治理机制设计 [J]．浙江树人大学学报（人文社会科学），2017，17（06）：7-11．

宋广伟．论我国营利性民办高校"社会抵触现象"的突围策略 [J]．黑龙江高教研究，2017（04）：48-53．

宋广伟．论营利性民办学校创新驱动发展的战略选择 [J]．教育理论与实践，2017，37（17）：17-19．

苏宝胜．"新工科"背景下民办高校专业建设与教学改革——以青岛滨海学院土木工程专业建设为例 [J]．教育观察，2017，6（23）：72-74．

苏冬莹．"翻转课堂"在民办学校大学英语教学中的应用——以银川能源学院为例 [J]．中国校外教育，2017（30）：139．

孙家贵．民办学校处理家校矛盾的原则与方法 [J]．教育文化论坛，2017，9（03）：5-8．

孙玉中，传红．重庆民办高职发展问题研究及对策——基于践行《民办教育促进法》的思考 [J]．职教论坛，2017（34）：49-53．

唐国平．强化法人治理 规范民办教育 [J]．大社会，2017（09）：1.

唐景莉，韩晓萌．《民办教育促进法》修法迎来三大利好——访全国政协委员、中国教育学会会长钟秉林，中国民办教育协会副会长、北京城市学院校长刘林 [J]．中国高等教育，2017（06）：17-21.

唐静．治理视域下政府与民办高校新型关系研究 [J]．现代教育管理，2017（07）：7-11.

唐丽娟．民办高校教师政策性激励的建议——基于成都几所民办高校师资队伍的调查 [J]．产业与科技论坛，2017，16（23）：108-109.

唐伶．民办高校教师胜任力模型的实证研究 [J]．成都师范学院学报，2017，33（04）：6-14.

唐婉贞．《民办教育促进法》修订案背景下民办幼儿园法律问题初探 [J]．湖北函授大学学报，2017，30（06）：63-64.

王爱红．如何提高民办学校中学生口语交际能力 [J]．华夏教师，2017（11）：32.

王华，王德清．民办学校举办者利益诉求与国家需要的矛盾及化解路径 [J]．中国教育学刊，2017（03）：4-8.

王金跃，徐兴林．手机媒体视域下民办高校思政教育创新研究 [J]．教育观察，2017，6（23）：122-124.

王俊杰．我国民办教育发展现状与改革热点问题透析 [J]．浙江树人大学学报（人文社会科学），2017，17（05）：24-29.

王康．《民法总则》视野下的民办学校体系化分类 [J]．郑州航空工业管理学院学报（社会科学版），2017，36（06）：17-23.

王力争，刘历红．民办学校"小升初"面试怎么改 [J]．中小学管理，2017（03）：49-50.

王丽．民办教育的赢利问题解析 [J]．边疆经济与文化，2017（07）：30-31.

王鲁刚．我国发展营利性民办高校的困境及其策略 [J]．教育发展研究，2017，37（Z1）：83-88.

王其和，明均仁．民办高校图书馆员胜任素质模型构建——基于32所湖北省民办高校的实证研究 [J]．图书馆工作与研究，2017（09）：75-80，89.

王庆．河南镇平：一所民办学校的地产生意 [J]．法人，2017（05）：30-31.

王琼，蔡俊．民办学校出资人和出资份额的确认 [J]．人民司法（案例），2017（23）：57-59.

王荣珍，王兰爽，王少辉．农村贫困地区民办学校校园文化建设 [J]．未来与发展，2017，41（07）：105-108.

王树青，石猛．民办高校分类管理的实质与制度要求 [J]．济南大学学报（社会科学版），2017，27（05）：142-149，160.

王晓娴．论民办高校转型发展与师资队伍建设的关联性 [J]．继续教育研究，2017（08）：72-74.

王秀娟．丰台区教育工会实现民办教育建会新突破 [J]．工会博览，2017（08）：39.

王一涛，李宝枝．分类管理后民办学校税收政策梳理与优化建议 [J]．浙江树人大学学报（人文社会科学），2017，17（06）：27-32.

王一涛，石猛，王磊．《民办教育促进法修正案》对我国民办高等教育基本格局的影响 [J]．浙江树人大学学报（人文社会科学），2017，17（02）：11-17.

王一涛，徐绪卿，宋斌，邱昆树．非营利性民办学校举办者权益的合理保护 [J]．中国教育学刊，2017（03）：9-13.

王义宁，张湘伟．新制度主义社会学视角下民办高校教师管理制度的建构 [J]．浙江树人大学学报（人文社会科学），2017，17（04）：1-6.

卫小春．促进公办民办教育协调发展 [J]．民主，2017（06）：9-10.

吴华，王习．营利性民办学校应该享受税收优惠 [J]．中国教育学刊，2017（03）：14-18.

吴华，章露红. 《民办教育促进法》修法决定中"补偿奖励条款"研究 [J]. 复旦教育论坛，2017，15（05）：23-27，105.

吴开华，邵允振. 《民办教育促进法实施条例》修订的立法建议——以分类管理为视角 [J]. 广东第二师范学院学报，2017，37（06）：5-11.

吴开华. 落实新法新政 推动广东民办教育持续健康发展 [J]. 大社会，2017（09）：14-15.

吴汶燕. 新《民办教育促进法》背景下民办高校特色办学探索 [J]. 法制与经济，2017（08）：27-29.

肖俊茹，王一涛，石猛. 民办高校办学风险的根源探析及防范对策——基于 32 所民办高校办学风险的案例 [J]. 中国成人教育，2017（15）：52-57.

邢晖，李玉珠. 民办高校校企合作的实践选择与应然策略 [J]. 国家教育行政学院学报，2017（05）：39-44.

徐纯正，陶夏. 营利性民办高校的界定之困、发展之觞与破解之策 [J]. 黑龙江高教研究，2017（12）：10-14.

徐雄伟. 民办高校教师专业发展影响因素的实证研究——以上海为例 [J]. 教育发展研究，2017，37（07）：78-84.

徐雄伟，张国平. 民办高校教师从教激励机制的效应模型研究——基于上海市民办高校专职教师的抽样调查 [J]. 教师教育研究，2017，29（02）：8-16.

徐绪卿. 关于贯彻落实《民办教育促进法修正案》五大热点问题的思考 [J]. 浙江树人大学学报（人文社会科学），2017，17（06）：1-6.

徐绪卿. 贯彻落实《民办教育促进法》新法的若干思考 [J]. 复旦教育论坛，2017，15（02）：29-33.

徐绪卿. 认真学习领会 加快推进落实 促进健康发展——《民办教育促进法修正案》学习研讨会综述 [J]. 浙江树人大学学报（人文社会科学），2017，17（02）：1-6.

许春芳. 民办高校如何把思想政治工作贯穿教育教学全过程 [J]. 河南教育（高教），2017（04）：43-45.

续蕾. 基于产教融合协同育人的民办高校校企合作机制研究方案 [J]. 福建电脑，2017，33（07）：57-58.

薛冰山，陈斌. 抓好党建保障民办学校健康发展 [J]. 共产党员（河北），2017（13）：33.

薛勇军，杨林. 边疆民族地区民办教育相关问题研究 [J]. 思想战线，2017，43（02）：26-30.

闫丽雯. 民办高校学生学习力量表的编制及初步应用 [J]. 重庆高教研究，2017，5（06）：92-101.

闫书华. 河南省民办高校转型发展的动因及路径选择 [J]. 克拉玛依学刊，2017，7（02）：61-66.

阎凤桥. 《民办教育促进法》修改过程中的合法性问题探讨 [J]. 复旦教育论坛，2017，15（05）：17-22.

阎凤桥. 民办教育政策推进为何缓慢？——基于组织行为决策视角的考察 [J]. 华东师范大学学报（教育科学版），2017，35（06）：11-17，152.

杨丹. 民办教育管理体制创新研究 [J]. 中国校外教育，2017（S1）：16.

杨刚要. 民办教育对河南省社会经济发展的贡献研究 [J]. 当代经济，2017（25）：136-137.

杨刚要. 民办教育分类管理问题探究 [J]. 当代经济，2017（31）：134-135.

杨贵桥. 民办高校民间融资监管及其立法完善 [J]. 重庆高教研究，2017，5（05）：19-29.

杨婧. 民办高校教师队伍发展困境与应对策略——基于天津市民办高校专任教师发展现状的分析 [J]. 天津职业技术师范大学学报，2017，27（02）：53-57.

杨柳. 从民办高校教师流失看其权利保障之完善 [J]. 江西社会科学，2017，37（11）：251-256.

杨攀. 民办高校德育工作存在的问题与化解 [J]. 宏观经济管理，2017（S1）：70-71.

杨晓婷，黄海艳，蔡伟莹，等. 高校大学生遭受网络诈骗的原因及对策分析——以广州民办高校为例 [J]. 现代商贸工业，2017（33）：133-135.

尹凤．新媒体时代民办高校党建工作的实践与创新 [J]．内江师范学院学报，2017，32（08）：115-118.

尹晓敏．对《民办教育促进法修正案》实施落地的若干思考 [J]．浙江树人大学学报（人文社会科学），2017，17（06）：22-26，32.

尤海娅．民办教育培训类社会组织的管理亟待优化 [J]．团结，2017（02）：49.

于洁．资源依赖理论视角下民办教育的角色研究——以参与"政府购买服务"的民办 D 校为例 [J]．教育学术月刊，2017（11）：20-27.

余中根．《民办教育促进法》修正案的理解与思考 [J]．渭南师范学院学报，2017，32（07）：35-40.

余中根．《民办学校分类登记实施细则》的理解与适用 [J]．教育观察（上半月），2017，6（15）：41-42.

余中根．《营利性民办学校监督管理实施细则》的理解与适用 [J]．河北能源职业技术学院学报，2017，17（03）：47-50.

余中根．分类管理背景下民办学校退出的法律规制研究 [J]．中国人民大学教育学刊，2017（02）：50-65.

余中根．分类管理视角下我国民办学校退出的法律依据和法律后果探析 [J]．天津市教科院学报，2017（03）：40-42.

余中根．分类管理视野下《民办教育促进法》修正案中若干问题的理解与适用 [J]．信阳师范学院学报（哲学社会科学版），2017，37（04）：43-47，67.

余中根．新《民办教育促进法》背景下河南省民办教育发展的若干思考 [J]．河北能源职业技术学院学报，2017，17（01）：32-33，39.

余中根．新《民办教育促进法》背景下民办学校退出形式研究 [J]．南昌教育学院学报，2017，32（04）：114-116.

余中根．新《民办教育促进法》的理解与适用——基于文本分析的视角 [J]．集美大学学报（教育科学版），2017，18（02）：44-49.

余中根．新《民办教育促进法》的意义、不足及完善建议 [J]．河南农业，2017（36）：13-14.

余中根．新《民办教育促进法》评析：成就、不足及完善思考 [J]．吉林广播电视大学学报，2017（06）：7-8，20.

余中根．信阳市民办教育发展策略研究——基于新《民办教育促进法》的思考 [J]．南昌教育学院学报，2017，32（02）：103-105.

俞惠中．落实民办教育改革系列政策 民政部门需做好六项工作 [J]．中国社会组织，2017（04）：22-25.

袁征．国际法与中国的私立学校——兼论"民办教育"的概念问题 [J]．华东师范大学学报（教育科学版），2017，35（06）：27-35，153.

张利国．民办学校退出机制：概念、特征及其内在归因 [J]．浙江树人大学学报（人文社会科学），2017，17（02）：18-24.

张强．对我国民办教育现状若干问题的探究 [J]．赤峰学院学报（自然科学版），2017，33（11）：211-212.

张卫军．民办教育分类管理的现实诉求与实现路径 [J]．中国成人教育，2017（06）：37-40.

张汛．民办高校学生事务管理的理论与实践——评《民办高校学生事务管理研究》[J]．新闻与写作，2017（03）：113.

张艳，徐兴林，李新纲．新常态下民办高校辅导员队伍科学化建设 [J]．教育与职业，2017（20）：91-95.

张银华．资产证券化在民办高校融资中的应用 [J]．财会通讯，2017（32）：11-15.

张煜．民办教育培训机构承担侵权责任的法理分析 [J]．法制与社会，2017（14）：236-237.

章露红．地方民办教育新政：创新空间、边界与重要议题 [J]．教育发展研究，2017，37（17）：38-45.

赵丽娜. 国有民办学校义务教育经费使用与管理研究 [J]. 财会学习，2017（19）：59-60.

赵园. 二十年，始终做民办教育健康发展的促进派 [J]. 民主，2017（10）：22-24.

赵志峰. 关于如何加强和改进民办高校思政教育工作的思考 [J]. 吉林医药学院学报，2017，38（01）：79-80.

郑妮，张星鹏. 民办教育进入分类管理时代 [J]. 中国国情国力，2017（11）：21-23.

郑志慧，王宏伟. 民办高校创新创业教育与专业教育的融合发展研究——以黑龙江省某民办高校外语专业学生为例 [J]. 教育教学论坛，2017（30）：7-8.

钟秉林. 民办教育发展步入新阶段 [J]. 中国教育学刊，2017（03）：5.

钟税官. 民办学校既从事学历教育又有对外培训业务应如何缴税 ?[J]. 中国税务，2017（08）：56-57.

周朝成. 落实《民办教育促进法修正案》稳步推进民办教育分类管理 [J]. 浙江树人大学学报（人文社会科学），2017，17（02）：25-29.

周海涛. 国际私立教育发展动向和我国民办教育应有作为 [J]. 清华大学教育研究，2017，38（03）：27-30，40.

周海涛. 清除民办教育参与公平竞争的阻碍 [J]. 中国高等教育，2017（05）：45-46.

周海涛，景安磊. 民办教育将获得多重正效——聚焦新《民办教育促进法》[J]. 中国教育学刊，2017（03）：1-3，82.

周海涛，景安磊，刘永林. 助力支持和规范民办教育发展 [J]. 教育研究，2017，38（12）：38-41.

周海涛，刘永林. 民办学校教师人事代理与流动制度初探 [J]. 教师教育研究，2017，29（04）：20-23.

周江林. 关于全面落实《民办教育促进法修正案》的若干思考 [J]. 浙江树人大学学报（人文社会科学），2017，17（06）：18-21.

周勇军. "两学一做"与民办高校学生党员思想政治教育 [J]. 改革与开放，2017（04）：43-45.

周宇. 基于安徽省民办教育体制下的工作室教学模式改革研究——以工业设计专业为例 [J]. 美术教育研究，2017（08）：100-101.

朱海玲. 民办学校教师人力资源管理中的问题及解决策略 [J]. 内蒙古电大学刊，2017（02）：81-83.

竹声. 以立德树人为根本 以社会需求为导向 大连民办学校党建工作重细重实 [J]. 中国社会组织，2017（22）：12-13.

祝启军. 新常态下民办高校人才流失问题的思考 [J]. 江苏高教，2017（10）：40-42.

附　录

2017 年民办教育研究文献综述

　　我国民办教育发展正在进入新阶段，新的形势对民办教育质量和水平提出更高要求。总的来看，我国民办教育取得了巨大成绩，诞生了一批有特色和高质量的民办学校，但社会力量办教育的外部环境、鼓励措施、管理服务、监管机制仍存在不平等、不配套、不到位、不健全的现象，我国民办教育发展也面临着一系列难题。总结近年来我国民办教育研究情况，有助于积累经验、正视问题，在此基础上开创民办教育事业的新局面。下面拟从民办教育瓶颈问题和发展战略研究、民办教育外部治理和政策扶持研究、民办学校内部治理和监督制衡研究、民办学校分类管理政策和实施研究、民办学校教师权益保障和队伍建设研究、民办学校人才培养和学生权益保障研究等六个方面，对 2017 年的相关研究文献分作综述。

一、民办教育瓶颈问题和发展战略研究

（一）民办教育发展瓶颈问题研究

　　一些学者从问题剖析的视角，认为我国民办教育存在七个方面的发展瓶颈：①法人属性不清，相关部门对民办学校的管理和支持缺乏政策依据；②产权归属不明，导致投资方资产属性模糊、资金进出不畅、合理回报制度难以落实[1]；③办学自主权扩大和落实不到位，导致民办学校活力不足、办学特色不鲜明、可持续发展受到限制[2]；④外部治理结构有待优化，多头管理、条块分割的传统体制使得地方与地方、部门与部门之间缺少联勤

---

① 邢晖，李玉珠. 民办高校校企合作的实践选择与应然策略 [J]. 国家教育行政学院学报，2017（05）：39-44.
② 钟秉林. 民办教育发展步入新阶段 [J]. 中国教育学刊，2017（03）：5.

联动机制，部门间内在交流有阻碍、合作不到位；⑤内部治理结构不健全，导致民办学校内部权力机构、决策机构、监督机构和执行机构存在漏洞；⑥办学经费不足，导致民办学校基本设施投入缺口增大，师资培训经费欠缺，教学质量提升受限；⑦教师合法权益保障不够，导致其社会地位不高、身份编制不明、待遇保障不足、队伍稳定性不够、组织认同感不强[1]。

基于此，我国民办教育的发展今后要着重考虑：①在办学定位上，应定位于由补充型高等教育向特色型高等教育发展[2]；②在政府扶持上，应遵循"共同而有区别"的分类扶持政策；③在质量保障上，集中精力抓好内涵发展和质量建设[3]；④在外部治理上，突破部门藩篱以强化政策协同；⑤在内部治理上，以构建现代民办学校制度为根本任务；⑥在融资筹资上，拆除隐形门槛以吸引各类资本进入教育领域；⑦在风险防范上，跟踪潜在风险以加强内外部监管。[4]

（二）民办教育发展战略研究

有学者认为，我国民办教育在经历了复兴起步、规模壮大的外延式发展阶段后，将进入内涵个性发展的第三阶段。新形势下民办教育发展面临着环境与政策、招生与生源、资金与收入、升格与发展、质量与生存等现实困境。民办教育要彻底实现发展战略转型，就必须执持于差异化视角，妥善运用后发优势，确立科学合理的发展模式和路径，形成差异化的核心竞争力。[5]其中，坚实的资源保障机制、科学的管理合力机制、效益至上的经营机制、敏捷的市场反应机制、严格的质量保障机制、完善的服务供给机制和持续的创新机制，是民办学校形成核心竞争力的必要条件，也是民办机制在核心竞争力形成过程中的具体表现。

有学者提出，民办教育战略转型应重视五个方面：①增强民办学校的质量意识、责任意识、竞争意识和危机意识，从"逐利、浮躁、投机性"积极向"公益、务实、可持续"转变[6]；②停止粗放式的规模扩张，把发展重点从过去的"数量＋规模"转向现在的"质量＋内涵"，积极由"外延式、粗放化"转向"内涵式、集约化"；③充分发挥贴近市场办学的优势，更加关注专业结构的调整和办学特色的凝练，积极由"综合性、学术型、同

① 董圣足.新政之下地方民办教育制度调适与创新的若干思考[J].浙江树人大学学报（人文社会科学），2017，17（02）：7-10，24.
② 王一涛，石猛，王磊.《民办教育促进法修正案》对我国民办高等教育基本格局的影响[J].浙江树人大学学报（人文社会科学），2017，17（02）：11-17.
③ 皮江红.论民办高校收费标准确定的模式[J].中国高教研究，2017（12）：77-81.
④ 罗明丽，卢胜勇.民办高校管理工作效率问题与对策探讨——以江西省某一所民办高校为例[J].现代商贸工业，2017（35）：84-85.
⑤ 周海涛，景安磊，刘永林.助力支持和规范民办教育发展[J].教育研究，2017，38（12）：38-41.
⑥ 唐景莉，韩晓萌.《民办教育促进法》修法迎来三大利好——访全国政协委员、中国教育学会会长钟秉林，中国民办教育协会副会长、北京城市学院校长刘林[J].中国高等教育，2017（06）：17-21.

"质化"的定位向"地方性、应用型、特色化"转变[①]；④强化灵活的办学机制，用市场的需求倒逼办学模式改革创新，积极由"投资驱动、资源驱动"转向"改革驱动、创新驱动"；⑤应把理顺内部关系、完善内部管理体制和运行机制、激发各利益相关者的积极性作为重中之重，力促内部治理由"集权管理"向"依法治校"转变[②]。

（三）民办教育风险防范研究

和公办学校相比，民办学校诞生于市场环境之中，经费、师资、生源都受到市场的影响和制约。市场存在很多不可控因素，这就使得民办学校面临的风险比公办学校更大。尤其是随着我国教育进入"买方市场"，不少民办学校遭遇了办学风险，例如错失"上规模"时机、地理位置不合理、领导层素质不足、财务运行不善、内部管理不佳等。

一些学者分析民办教育面临的风险，提出建立科学的风险防范和监管机制，是促进民办教育健康发展的关键所在：①政府部门健全对民办学校的分类监管，强化宏观管理与监督，完善多部门联合执法，优化事前事中监管和事后惩罚，建立民办学校和举办者（投资者）之间的风险分割机制，建立财政资金、学费专用账户监管制度[③]；②民办学校提高自身的风险防范能力，建立现代大学制度，健全内部管理制度，完善信息披露制度，建立风险保证金专户制度、保证金专户管理制度；③社会第三方组织发挥监督、评估职能，强化教育协会的监督作用，重视评估机构的引导功能，重视媒体的监督功能，发挥学者的监督作用[④]。

二、民办教育外部治理和政策扶持研究

（一）民办教育外部治理研究

有学者发现在分类管理的框架下，我国民办教育政策正从"规范"向"扶持"转型，民办教育政策文本得以不断充实与完善，政策价值取向实现宏观国家价值与微观自身价值的融合，政策基调实现"合法－限制－规范－扶持"的良好转型，政策内容赋予和加强了民办教育的合法性，政策实施引导和规范了民办教育实践。与此同时，政策发展也存在一些问题，政策内容不明确、政策主体中政府角色定位不恰当、政策执行效果不理想和政策模型转变缓慢等。[⑤]未来迫切需要从法律政策法规上营造民办教育发展的良好环境，优化

① 王金跃，徐兴林 . 手机媒体视域下民办高校思政教育创新研究 [J]. 教育观察，2017，6（23）：122-124.
② 吴华，王习 . 营利性民办学校应该享受税收优惠 [J]. 中国教育学刊，2017（03）：14-18.
③ 苏宝胜 ."新工科"背景下民办高校专业建设与教学改革——以青岛滨海学院土木工程专业建设为例 [J]. 教育观察，2017，6（23）：72-74.
④ 孙玉中，传红 . 重庆民办高职发展问题研究及对策——基于践行《民办教育促进法》的思考 [J]. 职教论坛，2017（34）：49-53.
⑤ 唐丽娟 . 民办高校教师政策性激励的建议——基于成都几所民办高校师资队伍的调查 [J]. 产业与科技论坛，2017，16（23）：108-109.

政府治理方式。通过框定管理边界、降低管理成本、转变管理方式、提高管理效率，实现从政策治校到依法治校、直接干预到间接调控的转变。

优化民办学校外部治理需要遵循公共教育政策均衡性、制度竞争环境公平性、资源配置制度效率性、内部运行制度激励性等一系列原则。对政府来说，要实现角色转变，由既"掌舵"又"划桨"转变为"掌舵"，从以往的"命令型"管理模式转变为"服务型"管理模式，实现由"全能"走向"有限"、由"权力"走向"责任"、由"利益"走向"中立"、由"划桨"走向"掌舵"这四个方面的转变。[①] 包括：对民办教育的管理模式应当推进行政审批制度改革，打破行政垄断；积极推进民办教育改革，明晰民办学校产权，鼓励办学主体多元化；明晰民办学校的法人属性和法人财产权，建立有效的激励机制和立体的监管机制；理顺政府与学校的有关法律关系，完善依法行政的民办教育管理体制；完善民办学校法人治理结构，建立和规范各种教育中介组织；清理纠正教育、财政、税收、金融、土地、建设、社会保障等方面不利于民办教育发展的各类歧视性政策。[②]

（二）民办教育政府扶持研究

有学者认为，政府的支持是影响民办学校发展的重要因素。完善民办学校扶持资助制度，需要政府从立法到实践、从宏观到微观、从理念到行动、从中央到地方的全方位努力。新形势下，政府对民办学校的支持需重点处理好"学校需求与财政供给、标准公平与效益优先、财政支持与财务监管"这三对重要关系，并在支持制度、支持主体、支持方式、支持力度、监管方式等方面实现转变：①财政支持制度由政策主导转向法规主导；②财政支持主体由单级为主转向多级协同；③财政支持方式由单一传统转向多元创新；④财政支持力度由公私悬殊转向标准趋同；⑤财务监管方式由审计年检转向实时控制。[③]

在具体的手段上，政府对民办学校的扶持涉及补贴和奖励、购买服务、助学贷款、税收优惠、土地优惠五个方面：①针对两类民办学校，构建既有共性又有区别的财政扶持政策，加大对非营利性民办学校的财政扶持力度；②完善政府购买民办教育服务制度，建立绩效评估办法[④]；③健全民办学校的助学贷款政策，落实同等资助待遇，两类民办学校都应与公办学校同等对待；④完善民办学校分类税收优惠政策，提倡非营利性民办学校与公办学校享有同等的税收优惠，营利性民办学校所交税收应低于企业[⑤]；⑤实行两类民办

① 徐绪卿.关于贯彻落实《民办教育促进法修正案》五大热点问题的思考 [J].浙江树人大学学报（人文社会科学），2017，17（06）：1-6.

② 单大圣.非营利性民办学校治理机制设计 [J].浙江树人大学学报（人文社会科学），2017，17（06）：7-11.

③ 尹晓敏.对《民办教育促进法修正案》实施落地的若干思考 [J].浙江树人大学学报（人文社会科学），2017，17（06）：22-26，32.

④ 方建锋.民办学校收费改革的发展方向与政策建议 [J].浙江树人大学学报（人文社会科学），2017，17（06）：12-17.

⑤ 王一涛，李宝枝.分类管理后民办学校税收政策梳理与优化建议 [J].浙江树人大学学报（人文社会科学），2017，17（06）：27-32.

学校差别化用地政策，非营利学校按划拨方式供应土地。[①]

（三）民办教育筹资融资研究

一些学者认为，民办学校在取得可喜成绩的同时，在其自身发展过程中也面临诸多问题，其中最为突出的就是发展经费的短缺。[②]我国绝大多数民办学校办学经费仍捉襟见肘，资金来源主要依靠学费和自筹经费，教育成本分担主体单一；财务内部监督不到位，资金保值增值仍属空白点。现有民办学校中，基本上要么依靠学费积累缓慢滚动发展，要么依靠银行贷款或其他具有明显的营利性特点的融资而实现快速壮大，其实质都是依靠学费还债，社会捐资办学和民间实际出资办学极少。[③]这种发展模式，必然影响民办学校的可持续发展，导致民办学校始终在较低水平上运转、在较慢速度上滚动前行。

解决民办学校筹资融资困境的关键在于，建立以学生学杂费、继续教育培训为主要收入来源，产学研为辅助收入来源，银行、政府、社会共同参与的多元化融资模式，发挥财务杠杆最大效用：①鼓励多渠道筹资，吸引闲置资金，促进筹资方合作，完善准入机制，引领捐赠文化；②完善分类收费的管理制度，有区别地放开两类民办学校的学费监管，建立市场化竞价机制，改革民办学历教育办学审批管理；③优化财税配比组合，引导闲置资金进入民办高教领域，破解民间投资准入难的问题[④]；④积极争取政府、社会各类资金支持，坚持产教融合，不断扩大内源融资占比，增加服务运营收入；⑤结合学校自身实际，大胆尝试新型融资方式，鼓励民办学校基金会发挥双向防火墙功能，探索 BOT（build-operate-transfer，特许权投融资方式）等多元投融资方式与监管方式。[⑤]

三、民办学校内部治理和监督制衡研究

（一）民办学校内部治理研究

有学者认为，民办学校应系统完善民办学校内部控制制度，逐渐摆脱个人治理、家族治理而走向共同治理。主动构建有利于鼓励多种社会力量参与办学的利益驱动机制，鼓励不同模式类型学校公平发展的竞争机制，满足家庭对多元文化和社会对多类型多规格人才的需求机制，便于政务、校务、财务公开和主动接受社会舆论监督的制约机制。[⑥]通过

---

① 王康.《民法总则》视野下的民办学校体系化分类 [J]. 郑州航空工业管理学院学报（社会科学版），2017，36（06）：17-23.

② 刘静. 人文教育：民办高校立足的根基 [J]. 大学教育科学，2017（06）：11-16.

③ 刘楠，杨策. 转型背景下民办高校产教融合协同育人机制研究 [J]. 吉林工程技术师范学院学报，2017，33（11）：26-28.

④ 竹声. 以立德树人为根本 以社会需求为导向 大连民办学校党建工作重细重实 [J]. 中国社会组织，2017（22）：12-1.

⑤ 杨晓婷，黄海艳，蔡伟莹，等. 高校大学生遭受网络诈骗的原因及对策分析——以广州民办高校为例 [J]. 现代商贸工业，2017（33）：133-135.

⑥ 杨攀. 民办高校德育工作存在的问题与化解 [J]. 宏观经济管理，2017（S1）：70-71.

建立纵向的民主决策层次体系、横向的决策权分配体系、延伸至社会的决策咨询机制，推动民办学校决策的民主化和科学化。

建设现代学校制度是时代发展的要求，是协调民办学校校内和校外关系的制度安排。非营利性民办学校以转变政府职能、健全监督机制、强化社会参与作为外部制度建构的重点，以完善理（董）事会决策机制、健全内部监督制约机制、发挥党组织的政治核心和监督保障作用、重视学校章程的规范作用、明确校长负责制及校长管理团队建设、发挥学术权力的作用和建立利益相关者共同治理机制作为内部制度建构的重点。① 营利性民办学校须符合"依法办学、自主管理、民主监督、社会参与"的共性要求和营利组织制度建设的共性特征，以健全配套的政策法规、落实充分的办学自主权、进行有效的财务监控为外部制度建设的重点，以完善成熟的公司法人治理结构为内部制度建构的重点。

（二）民办学校党的建设研究

不少学者提出，在全面从严治党新形势下，如何进一步加强民办学校党建工作，是一个需要认真思考和研究的重要问题。② 民办学校加强党建，是保障民办学校办学方向、保持其公益性的重要制度安排。从目前民办学校党组织设置情况看，如果把培训机构也算进去，现在民办教育党组织的覆盖率还不是很高；从举办者的角度来看，有些举办者对这个问题还有一些看法或者误解。③ 当前，民办学校党建工作存在重视不够、流于形式、被动应付，组织建设不规范、组织生活不规范、组织活动不规范，安于现状、囿于常规、怯于创新等问题。民办学校应尽快转变观念，更加有所作为，摒弃民办学校党建工作"例外论""特殊论"的观念，做到有为有位、有为有威、有为有味。

民办学校党委要准确定位，即政治上的领导、事业上的支持、管理上的参与、行为上的监督、利益上的协调，发挥自身在思想政治等方面的领导职能，教育教学活动中的服务保障职能，各群体间的利益协调职能，学校发展中的监督职能，充分发挥政治核心和监督保障作用。①承认民办学校党组织在内部治理中的核心作用，有效落实民办学校的政治领导权，宣传和执行党的路线方针政策，执行上级党组织的决议，坚持教育公益性原则和社会主义办学方向④；②落实民办学校党组织的管理参与权，建立党委参与学校重大问题决策机制和党政联席会议制度，建立民办学校党组织、理事会和校长之间的沟通协调机制，保证学校决策机构和校长依法行使职权，支持民办学校的改革发展，帮助解决影响学校改革发展的突出问题⑤；③落实民办学校党组织在行动上的监督权，引导和监督学校依

① 韩强，梁忠环.民办高校校企协同育人探讨 [J].宏观经济管理，2017（S1）：80-81.
② 陈永文.民办高校竞争战略的制定和实施 [J].宏观经济管理，2017（S1）：86-87.
③ 李学强，暴海忠，苏彩.浅谈民办高校中青年教师薪酬制度建设 [J].宏观经济管理，2017（S1）：111-112.
④ 阎凤桥.民办教育政策推进为何缓慢？——基于组织行为决策视角的考察 [J].华东师范大学学报（教育科学版），2017，35（06）：11-17，152.
⑤ 张银华.资产证券化在民办高校融资中的应用 [J].财会通讯，2017（32）：11-15.

法行使职权，督促学校决策机构和校长依法治教、规范管理、科学办学。

（三）民办学校监督制衡研究

有学者发现，监督制衡机制建设是民办教育发展中的薄弱环节，在学校内部治理与权力制衡关系方面，民办学校内部缺乏有效的制衡关系，极易造成权力集中现象，建立一套有利于民办教育健康发展的有效监督机制至关重要。民办学校权力运行中的出资人或举办者控制、以校长为核心的管理团队职权不明晰、缺少利益相关者参与及内外监督机制缺失等法人治理结构上的突出问题，使得民办学校陷入了家族化治理、校长权力集中化、董事会权力过于膨胀、内部权力冲突频现、缺少共治动力及存在监管盲区，深刻制约着我国民办学校的健康发展。未来迫切需要突破法人属性、产权制度、举办者权益及政府监管等政策瓶颈。

解决的措施在于：①完善理（董）事会决策机制；②健全监事会等内部监督制约机制；③发挥党组织的政治核心和监督保障作用；④重视学校章程的规范作用[①]；⑤明确校长负责制及校长管理团队建设；⑥发挥学术权力的关键作用；⑦建立利益相关者共同治理机制。[②] 具体而言，民办学校转制过程应该进行严格的全程管理，严格履行内部决策程序和审批程序；做好清产核资、财务审计和资产评估，并以评估值作为转让价格的参考依据；坚持产权转让进入市场并公开披露有关转让信息，杜绝暗箱操作；及时进行转让鉴证和产权变更登记，做好转让收益管理；建立民办学校资产监督与管理制度，做好监管工作，强化民办教育机构的风险防范意识和风险化解能力。[③]

四、民办学校分类管理政策和实施研究

（一）民办学校分类管理的政策研究

一些学者认为，民办教育分类管理的成功，还需要时间和一系列科学的、更加细化的制度设计。既能有针对性地制定政府扶持政策，避免"搭便车"现象，最大限度地保障民办教育的公益性；又能从法律层面明确营利性民办学校的法律地位，完善相应的办法，依法保障和规范其获取合理回报的行为；同时还能使潜在的捐赠者和出资者打消顾虑，激发他们为教育捐资和投资的积极性。[④] 具体而言，要能成功使现有举办者选择非营利模式，这种制度设计就必须使他们既能在物质上觉得不亏，又在精神上享受从企业家向教育家的

---

① 何丹，赵思嘉.论我国民办教育发展的法律困境及改善——基于《民办教育促进法》的新修改 [J].法制与社会，2017（32）：185-186.

② 于洁.资源依赖理论视角下民办教育的角色研究——以参与"政府购买服务"的民办 D 校为例 [J].教育学术月刊，2017（11）：20-27.

③ 杨柳.从民办高校教师流失看其权利保障之完善 [J].江西社会科学，2017，37（11）：251-256.

④ 陈伊生.营利性民办高校学费涨价诉求与定价策略选择 [J].价格月刊，2017（11）：11-14.

转变；要能够成功使现有举办者选择营利性模式，制度设计则需要在准许其进入高等学历教育的基础上放开招生管制，能够根据市场供需情况的变化调整规模，真正能够实现利润最大化。①

民办学校分类管理要按照"责权对等原则"，对营利性与非营利性两类性质不同的民办学校，建立相应的准入制度、产权制度、法人治理制度、资产财务制度、资助优惠制度、信息披露制度、保障制度、评估制度等，分别对两类不同性质的民办学校进行监管，以维护民办教育市场公平竞争的秩序。①要分类扶持，遵循"共同而有区别"原则。②"共同"即客体属性不会随教育组织类型的改变而改变，在任何教育组织内都应同等对待；"有区别"即客体属性在不同教育组织内会产生差异，在可享有的扶持政策上也应加以区分。③②要区分对象，实行"责权对等"原则。建立相应的准入制度、产权制度、法人治理制度、资产财务制度、资助优惠制度、信息披露制度、保障制度、评估制度等。

（二）民办学校分类管理的实施研究

有学者指出，我国民办教育本身的复杂性、多样性、诉求多元化特点，加之分类管理改革本来涉及理论探索、制度设计、法律修订、社会环境营造等诸多因素，决定了分类管理改革势必遇到各种各样的难题。推进分类管理需要在营造市场化环境、赋予学校最大话语权、降低政策普惠门槛、织就规范运行防护网等重点环节着力，并在类别精细化与管理规范化上做好文章。④民办学校分类管理的实施需要遵循以下基本原则：①要根据修订后相关法律的基本原则和主要内容，尽快明确营利性和非营利性学校的划分标准，并有针对性地从财政、税收、土地、收费、招生、贷款、社保等方面制定配套政策，使政策真正落地⑤；②要基于各地民办教育发展阶段和环境的差异，分地区制定分类管理平稳过渡的方案和实施细则，在进行分类管理制度设计时应考虑保护投资者的积极性；③政策应该考虑差异性，在进行民办教育顶层制度设计时，切忌一刀切、大一统，宜坚持"老人老办法、新人新办法"，可以让地方大胆探索，先实验试点，然后逐步推广；④要统筹考虑、密切联动、深度融合，打破各自为政的局面，部门、地方通力配合，形成改革合力，把分类管理改革工作落细、落深、落实。⑥

民办学校分类管理法人具体路径包括：①实行分类登记，统一营利与否的国家标准，明晰源头性问题带动完善分类管理的系统设计⑦；②完善配套政策，实行差别化的政府扶

---

① 杨刚要.民办教育分类管理问题探究 [J].当代经济，2017（31）：134-135.

② 崔月.商丘市某民办高校医学生考试焦虑、社会支持与自我效能感的相关性研究 [J].医学与社会，2017，30（11）：40-42，50.

③ 姜伯成，屠明将.统筹与分割：城乡家庭民办教育需求的实证研究 [J].黄河科技大学学报，2017，19（06）：1-8.

④ 程晗，黄鹏.中国民办教育机构员工激励的问题与策略 [J].人力资源管理，2017（11）：293-294.

⑤ 郑妮，张星鹏.民办教育进入分类管理时代 [J].中国国情国力，2017（11）：21-23.

⑥ 黄怡平.绍兴市堵疏结合联合专项整治民办教育培训机构 [J].中国社会组织，2017（21）：61.

⑦ 高宏赋.非营利性民办高校的政府财政支持研究 [J].江苏高教，2017（11）：36-40.

持，明确区别性待遇引导两类民办学校的政策预期；③保障合法权益，对举办者的合理诉求作出适当安排，不能要求投资方强行选择营利性或非营利性；④拓宽筹资渠道，营造公益导向的投融资环境，创新市场化工具增强分类管理的物质基础①；⑤保障师生权益，建立平等但不平均的体制机制，完善普惠性待遇强化利益相关者的获得感；⑥完善多方治理，实施共同但有区别的监管体系，培育行业性自律促进两类民办学校高水平办学。

五、民办学校教师权益保障和队伍建设研究

（一）民办学校教师权益保障研究

有学者强调，优良的教师队伍是学校发展的基础，是保证教学质量的关键。当前，我国民办教育已成为教育事业发展的重要组成部分，教师队伍建设和合法权益保障是促进民办学校健康发展的重要任务。②从民办教育发展现状看，我国民办学校教师权益实现过程中的问题有社会地位不高、身份编制不明、待遇保障不足、职称评定困难、参与学校民主管理受限，并存在观念歧视、体制排挤、政策夹击、权利被侵害、权益难保障等问题，影响了民办学校教学质量的提升和可持续发展。③

亟须提高我国民办学校教师的地位和作用、建立与公办学校教师同等的社会保障体系、设立教师维权执法机构、健全管理机制、政府设立专项基金保证民办学校教师的工资待遇。从各利益相关方的共同利益诉求的视角出发，实现民办学校教师权益需要构建合理的基本思路和途径措施：①创造良好的法规政策环境，完善相关法律法规建设④；②理清民办学校教师权益实现的基本思路，即分类扶持、区别对待，属地为主、中央为辅，多方协同、逐步推进，政府有为、市场发力，共同参与、共同治理⑤；③明晰权益实现的途径措施，政府履行管理职能，切实发挥调控作用，学校负起办学责任，行业组织提供专业服务，助推民办学校教师权益实现。具体而言，地方政府可以采取购买服务的方式，扶持优秀民办学校提高教师待遇；设立地方民办教育发展基金，优先用于非营利性民办学校教师待遇保障；探索建立非营利性民办学校教师人事代理制度和交流制度，促进教师合理流动⑥；取消对民办学校教师已有的歧视性政策，民办学校教师在资格认定、职务评聘、培养培训、评优表彰等方面与同级同类公办学校教师拥有同等权利；鼓励全面提升教师师德

① 迟双会.民办高校教师专业发展现状研究——基于山东省济南市三所民办高校教师专业发展现状的调查[J].科教文汇（下旬刊），2017（10）：24-26.
② 苏冬莹."翻转课堂"在民办学校大学英语教学中的应用——以银川能源学院为例[J].中国校外教育，2017（30）：139.
③ 李清刚.分类管理视域下的民办教育政策元设计[J].首都师范大学学报（社会科学版），2017（05）：157-164.
④ 康歆媛."一带一路"倡议背景下的民办高校外语专业人才培养刍议[J].教育探索，2017（05）：71-73.
⑤ 吕金梅.民办高校教育供给侧结构性改革探索——基于高校转型发展的视角[J].中国成人教育，2017（18）：42-45.
⑥ 大连市委组织部非公有制经济组织和社会组织党建工作处.当前做好民办学校党建工作需要把握的几个重点问题[J].中国社会组织，2017（19）：45-46.

素养和业务能力、水平，学校要在学费收入中安排一定比例的资金用于教师培训。

（二）民办学校师资队伍建设研究

也有学者分析，民办学校出于自身建校时间短和教学资源紧缺等消极原因，为了加速发展，往往将精力和资源集中在建设基础设施和引进高学历人才上，而对于师资队伍建设缺乏关注，高层次人才比例低、教师结构不平衡、教师培训机会少、教师单向流动。[①] 民办学校教师队伍普遍存在结构不合理、队伍稳定性差、专业教师梯队断层、缺少专业带头人等问题，导致无法形成合理的教师梯队。如果不加以优化，就会制约民办学校提高教学质量和培养人才目标的实现。

师资队伍建设的现实，要求民办学校为教师尤其是专任专职教师创造更大的成长空间，需要在学校教师专业发展的视域下不断地探索和创新。①完善法律法规建设，确保相关政策落地，重点明确和规范营利性和非营利性民办学校法人登记类型，找到各利益相关者的利益结合点[②]；②政府、举办者（出资人）、教师等利益相关者多方参与协同推进，重点扶持非营利性、高质量、有特色的民办学校教师队伍建设；③政府履行管理职能，切实发挥调控作用，为民办学校教师权益提供多样化保障方式[③]；④学校履行办学责任，切实保障教师合法权益，不断提高教师薪酬待遇，构建多层次的社会保障体系；⑤行业组织提供专业服务，建立第三方民办学校教师权益保障定期督导检查制度，助推教师权益保障落到实处。

六、民办学校人才培养和学生权益保障研究

（一）民办学校人才培养研究

当前，民办学校人才培养方面存在的问题包括：对人才培养规格的研究还不够，表述表达过于笼统[④]；不少民办学校热衷于"照搬"公办学校的办学与人才培养模式，无视自己师资水平与办学条件较低的现实；现有课程体系较多沿用了学术性重点学校的课程体系，缺少系统性综合训练[⑤]；在培养途径、教学模式、培养方法等方面，基本套用老学校的模式，未能构建以能力为导向的学习评价体系[⑥]；校内外实践教学资源不能满足应用型人才培养的需求等。随着民办教育的不断发展，由于其自身体制、学生个性特点等原因导

① 祝启军.新常态下民办高校人才流失问题的思考 [J].江苏高教，2017（10）：40-42.
② 赵丽娜.国有民办学校义务教育经费使用与管理研究 [J].财会学习，2017（19）：59-60.
③ 闫丽雯.民办高校学生学习力量表的编制及初步应用 [J].重庆高教研究，2017，5（06）：92-101.
④ 鞠光宇.民办学校分类管理制度研究 [J].中国人民大学教育学刊，2017（03）：14-30.
⑤ 李佳.关于《民办教育促进法》修正案的政策分析 [J].劳动保障世界，2017（27）：73，75.
⑥ 刘晓巍.民办教育综合改革中的制度逻辑及其微观行为 [J].教育与教学研究，2017，31（09）：16-23.

致人才培养的解析与实际执行、培养目标中的厚基础与实用性、教学内容设置中的科学规律与社会需求、课时中的理论学时和实践学时的分配、教学方法中的重复训练与全面教育、考核过程中的结果考核和过程考核、第一课堂和第二课堂的关系等一系列问题，需要认真对待和加以解决。①

民办学校应明确人才专业定位、兼顾科学规律和社会需求进行教学内容设置，构建"以学生为主体，以教师为主导"的培养体系，实现"以人为本"的教育教学改革目标，优化人才培养途径和方式。②①应通过构建多主体参与的人才培养模式、建立多层次动态化的项目课程体系、进行多样化的人才培养过程设计、构建多元化人才培养质量评价机制等举措，进一步提高人才培养质量；②应根据自身定位和民办学校特点构建人才培养模式，并应遵循效率性、适应性、多样性、兼容性、阶段性、灵活性、创新性、发展性等基本原则③；③应注重知识、能力、素质协调发展，学习、实践和职业技术能力相结合，走"应用性、职业型、开放式"的路子④；④应以社会需求为导向，以培养模式为核心，以知识应用为远景，以创新能力为目标，注重通识教育，培养学生能力，开创一条独具特色的办学道路。

（二）民办学校学生权益保障研究

有学者认为，我国民办学校学生存在资助政策、评奖评优方面的权益保障缺失的问题，并存在观念歧视、政策夹击、权利被侵害等问题。①学生资助政策在遵循公共财政的公益性、公平性的运行规则方面略显不足，非营利性民办学校学生无法享受与公办学校学生同等额度的助学贷款、奖助学金等国家资助政策⑤；②社会上直接或变相歧视仍是民办学校学生的就业创业的重要壁垒，部分地方对民办学校学生的文凭和学历存在歧视⑥；③民办学校学生的心理健康状况和学习状况有待改善。从国家已经颁布的教育法律看，《中华人民共和国民办教育促进法》及其实施条例对民办学校学生的合法权益作了简要的、提纲挈领式的法律规定。但由于现行教育立法对保障民办学校学生权益的规范还只停留在原则性表述的层面上，相关规定较为粗糙而模糊，使得民办学校学生权益的维护在实践中遇到了诸多难以化解的问题。⑦

---

① 阎凤桥.《民办教育促进法》修改过程中的合法性问题探讨 [J]. 复旦教育论坛，2017，15（05）：17-22.
② 吴华，章露红.《民办教育促进法》修法决定中"补偿奖励条款"研究 [J]. 复旦教育论坛，2017，15（05）：23-27，105.
③ 王其和，明均仁.民办高校图书馆员胜任素质模型构建——基于32所湖北省民办高校的实证研究 [J]. 图书馆工作与研究，2017（09）：75-80，89.
④ 余中根.《营利性民办学校监督管理实施细则》的理解与适用 [J]. 河北能源职业技术学院学报，2017，17（03）：47-50.
⑤ 洪演，任宣.广东选出的全国人大代表开展专题调研 关注养老服务民办教育 [J]. 人民之声，2017（09）：11.
⑥ 阎凤桥.《民办教育促进法》修改过程中的合法性问题探讨 [J]. 复旦教育论坛，2017，15（05）：17-22.
⑦ 王树青，石猛.民办高校分类管理的实质与制度要求 [J]. 济南大学学报（社会科学版），2017，27（05）：142-149，160.

改进民办学校学生权益应加强六方面的工作：①加快配套法规建设和地方立法进程，构建民办学校学生权益的法律保障机制，使民办学校学生在入学、升学、转学、学籍、学习、表彰及国家经费补助等方面享受与公办学校学生同等待遇[①]；②积极推进教育行政执法与监督，构建有利于民办学校学生权益保障的行政监管机制，确保政府颁布的各项政策在民办学校得以落实；③建立并推行民办学校风险保证金制度，构建民办学校学生权益保障的风险防范机制；④给予民办学校以普遍的公共财政资助，构建有利于民办学校学生权益保障的政府资助机制[②]；⑤切实履行民办学校的法定职责，构建民办学校学生合法权益保障的校方保障机制；⑥唤醒权益意识增强维权观念，构建民办学校学生合法权益保障的自我保障机制。

① 董圣足．破解瓶颈制约，推进民办学校分类管理 [J].教育发展研究，2017，37（Z1）：3.
② 任芳，张星奇，郭鹏江．民办高校人才激励机制的构建 [J].西安财经学院学报，2017，30（05）：123-127.

后 记

　　《中国民办教育发展报告 2017》重点介绍我国民办学校发展概况和民办学校系统内部尤其是学生和教师发展情况。在总结《中国民办教育发展报告 2012》《中国民办教育发展报告 2013》《中国民办教育发展报告 2014》《中国民办教育发展报告 2015》《中国民办教育发展报告 2016》的编撰经验的基础上，北京师范大学民办教育研究团队调整了发展报告撰写的思路和框架，积极梳理、收集和积累数据，经过多位教师、学生近一年的努力，于 2018 年上半年完成了《中国民办教育发展报告 2017》的编撰工作。

　　《中国民办教育发展报告 2017》定位于当前我国教育综合改革背景下，民办学校师生发展所面临的热点问题。通过尽可能全面、系统的选题，呈现我国当前民办学校师生的生存现状，为进一步推进以提高质量为根本、以特色发展为核心的民办教育发展提供理论依据和实践参考。本报告坚持改革导向、问题导向、政策导向，在研究方法上着重突出实证研究和量化研究，既有全国和跨省域性质的大范围调研，又有集中于学校层面的学科建设、学生培养、教师发展等微观层次的考查。报告着重突出现代研究方法的规范化运用，讲究以数据说话，通过图表与分析结合的方式更加直观、清晰地呈现当前我国民办教育发展的图景，由此得出的研究结论也具有一定的借鉴意义。

　　本报告是研究团队共同劳动和集体智慧的结晶。全报告具体分工为：周海涛负责全报告的结构和框架，提出报告的研究思路和编写大纲，主持审稿、统稿和定稿工作；第一章由周海涛、张墨涵编写；第二章、第三章、第四章、第七章由张墨涵编写；第五章由李彤编写；第六章由郑淑超编写；第八章由郭二榕编写；第九章由梁晶晶编写；附录由朱玉成编写；量化数据由郑淑超处理，图、表由郑淑超绘制。全报告由周海涛、钟秉林进行多轮调整并完成统稿，朱玉成、张墨涵等参与修订、校对、排版工作，景安磊、刘永林、闫丽雯、李虔、方芳、史少杰、胡万山、徐珊、马艳丽、施文妹等参与了前期材料的收集整理。

　　本报告得到教育部发展规划司特别是民办教育管理处的一贯指导和大力支持，受到北京师范大学的科研经费支持。科学出版社高度重视该项工作，组织精干力量，高质量地完成了本书的出版工作。在研究过程中，北京师范大学和教育学部的领导、专家们给予大量的帮助和指导。同时，本报告借鉴了许多同行专家的精到见解和宝贵意见，吸收了部分省市民办教育改革和发展的创新成果。在此，向本研究所有的支持者们，向参与本报告编写的同志们，以及对本报告给予帮助和指导的领导、专家们表示衷心感谢！

由于时间和水平有限，报告中存在疏漏与不足，恳请广大读者予以批评指正。

周海涛　钟秉林

2018 年 7 月